U0446810

本书的研究与出版得到了北京东宇全球化智库基金会的支持，特此致谢！

CCG | 全球化智库
CENTER FOR CHINA & GLOBALIZATION

Returned Scholars to China

海归中国

王辉耀　苗绿　著

中国社会科学出版社

图书在版编目（CIP）数据

海归中国／王辉耀，苗绿著 . —北京：中国社会科学出版社，2022.7

ISBN 978-7-5203-9501-4

Ⅰ.①海… Ⅱ.①王…②苗… Ⅲ.①留学生—人才引进—研究—中国 Ⅳ.①C964.2

中国版本图书馆 CIP 数据核字（2021）第 274067 号

出 版 人	赵剑英
责任编辑	黄　山
责任校对	贾宇峰
责任印制	李寡寡

出　　版	中国社会科学出版社
社　　址	北京鼓楼西大街甲 158 号
邮　　编	100720
网　　址	http://www.csspw.cn
发 行 部	010-84083685
门 市 部	010-84029450
经　　销	新华书店及其他书店
印　　刷	北京明恒达印务有限公司
装　　订	廊坊市广阳区广增装订厂
版　　次	2022 年 7 月第 1 版
印　　次	2022 年 7 月第 1 次印刷
开　　本	710×1000　1/16
印　　张	16.25
插　　页	2
字　　数	221 千字
定　　价	78.00 元

凡购买中国社会科学出版社图书，如有质量问题请与本社营销中心联系调换

电话：010-84083683

版权所有　侵权必究

序

中国近代史上真正意义的留学行为，是1847年广东青年容闳赴美留学，获得耶鲁大学学位。正是这位"留学第一人"促成了1872年中国第一批官派学生留美，启动了中国近代史上的留学潮。在随后的一百多年间，众多有志之士选择离开熟悉的故土，怀揣梦想奔赴异国他乡。可以说，中国百年来的留学史就是一部不折不扣的中国人的奋斗史及发展史。这种奋斗既与个人的理想和追求相关，又同国家、民族的发展及命运紧密相连。一代代留学生前赴后继、上下求索，从留学潮到"海归"潮，从寻找拯救中国的道路到探索建设中国的方式，再到回答如何创新中国的命题，形成了中国独特的国际人才良性循环现象，为中国的现代化进程和全球化发展做出了重要贡献。

我们发现，虽然中国的留学与"海归"已有百余年历史，但是围绕中国"海归"的研究却是20世纪末期，尤其是进入21世纪以后才逐渐被学术界认识和接纳的新兴课题。从整体上看，自改革开放后中国留学热潮再度兴起，到21世纪初期，针对中国留学生和"海归"的研究大部分集中于历史研究、留学人员外流等方面，尚缺乏系统性的总结和全方位梳理。于是，2005年，我们出版了第一本有关中国"海归"研究的专著——《海归时代》。这本书是国内第一部对中国当代"海归"进行全方位扫描的读本,该书对改革开放以来的留学潮和"海归"潮作了深入的探讨和全面的总结。根据我们的亲身经历,同时结合众多"海归"精英人士的实践,我们希望能够从人才强国的战略角度,寻找并总结当代中国"海归"群体所具有的时代特点,以此来深入分析数以百万计的留学生对中国经济发展、科技进步以及社会和政治文明的巨大推动作用。在同一年里,由我们主编的《创业中国——海归精英50人》面世。该书对活跃在中国商界并表现优异的具有代表性的"海归"人士进行了深入采访和研究,一方面展示他们的创业历程和与众不同的思维方式;另一方面尝试厘清和总结"海归"创业者们走向成功的模式和路径。

《海归时代》一书自从出版以来,我们陆续收到了很多业内人士的来信,社会反响强烈,这让我们感到"留学与'海归'"确实是一个值得深入探讨的时代议题。2007年,我们又主编了大型系列丛书《海归推动中国》。该丛书共8本,分别是《当代中国海归》《缤纷海归》《魅力学者》《创业英雄》《资本推手》《财富裂变》《叱咤华尔街》,以及《巅峰职业》,是一套对当代"海归"群体进行系统研究的作品。我们从近两百位优秀"海归"人物的个人事迹切入,描绘了一幅各领域"海归"人物的全景式画卷,成为目前为止国内行业覆盖面最广、研究范围最宽、采访人数最多、涉及领域最为齐全的研究和介绍中国"海归"群体的系列丛书。其中,《当代中国海归》在学术理论和调研方面更为突出,同时又兼顾了可读性,该书涵盖了"海归"群体的社会定位、国际人才争夺战和当代"海归"群体发展状况等多个维度,并第一次提出了留学人员回归的"海鸥"新模式。我们认为,"海鸥"作为来自中国,又曾至发达国家留学和工作,并经常往来于中国和海外之间经商或从事交流工作的群体,并不能被简单地划分为"已归"或者"未归"。他们作为一个日渐庞大的流动性群体,在具有身份复杂性的同时,也是中国人才国际化交流最好的表征之一。

一系列"海归"研究图书的出版在受到社会各界广泛关注的同时，甚至可以说在某种意义上也促进了"留学与'海归'"这一研究课题在中国成为一门显学，这一现象也令我们深受鼓舞。2010年，我们主编了《建言中国——海外高层次留学人才看中国》，这本书汇聚了郑永年、赵穗生、李成、陈志武等知名人士从不同角度为中国的建言，可以称得上是海外高层次人士在智识上回馈祖国的一次全面呈现。

2013年是欧美同学会诞生一百周年。2013年10月21日，在人民大会党举行的欧美同学会庆典大会上，习近平总书记把百余年来的中国留学史概括为一部"索我理想之中华"的奋斗史，强调了"致天下之治者在人才"和"尚贤者，政之本也"。习近平总书记表示，希望留学人员留在国外有"报国之门"，回到祖国有"用武之地"。他还提出，欧美同学会和留学人员要成为留学报国的"人才库"，建言献策的"智囊团"和开展民间外交的"生力军"。[1]2014年，我们在人民出版社出版了《百年海归 创新中国》一书。为了系统反映中国140余年留学史中杰出人士的事迹，我们从编写伊始就搜集整理了大量原始档案、报刊报道、回忆录、相关记载等，生动记录和描绘了具有不同专业背景的百余位留学人员做出的重大贡献，成为国内涉及百年"海归"群体的系统性研究作品。

此外，我们还与社会科学文献出版社合作，共同创立了国内首个中国国际人才蓝皮书系列。我们多年持续出版了《中国留学发展报告》《中国海归发展报告》《海外华侨华人专业人士报告》《中国国际移民报告》《21世纪中国留学

---

[1]《习近平在欧美同学会成立100周年庆祝大会上的讲话（2013年10月21日）》，《人民日报》2013年10月22日第2版。

人员状况蓝皮书》《海归者说：我们的中国时代》，持续多年翻译国际移民组织（IOM）的《世界移民报告》等。自 2015 年起，我们还连续 7 年在国家级的海外人才交流平台"中国海外人才交流大会"上发布"中国留学人员创新创业推荐榜单"，致敬广大优秀"海归"代表，激发新时期"海归"人才回国创新创业活力，引领留学人才回国创新创业方向。

在常年对留学、"海归"等研究的基础上，我们又将目光投向了"国际人才"这个更为宽广的方向。在全球人才竞争的时代，中国如何成为全球"人才战争"的赢家？

2009 年至 2010 年，我们先后推出了《人才战争》《国家战略——人才改变世界》两本图书。作为国内第一本全面分析全球化时代日渐激烈的"人才战争"的著述，以及国内唯一从全球化背景及国家战略高度对国际人才竞争进行系统研究的著作，这两本书自出版以来就得到社会各界的一致肯定，并一印再印，成为许多省市和机关单位中心学习组的必读书，例如，广东省委办公厅举行的读书小组学习交流会中，《国家战略——人才改变世界》由时任广东省委书记汪洋亲自担任导读。此外，我们近年还陆续编著出版了《移民潮——中国怎样才能留住人才？》《国际人才竞争战略》《国际人才战略文集》《国际猎头与人才战争》《人才战争 2.0》《流动与治理：全球人才、移民与移民法》《国际人才学概论》等书，为中国打赢 21 世纪的"人才战争"贡献了一份力量。

在研究过程中，我们深切地体会到，谈论中国的国际人才和"海归"群体，不能闭门造车，而是应该积极地将这个话题推向国际市场，让中国的人才思维与海外人才理论进行交流与碰撞。因此，在出版了大量中文书籍的同时，我们还陆续完成了 *Reverse Migration in Contemporary China*：*Returnees*，*Entrepreneurship and the Chinese Economy*，*International Migration of China*：*Status*，*Policy and Social Responses to the Globalization of Migration*，*China's*

Domestic and International Migration Development 等英文专著，填补了国际上有关中国国际人才流动研究领域的空白。

我们认为，通过对"海归"群体的研究和专著出版，能够让社会认识到"海归"群体正在逐渐影响中国未来的发展趋势，正在成为经济转型和政府改革的重要推动力量，正在成为中国政治经济舞台上的新兴力量。在政府、企业和科教领域里担任要职的"海归"人员不断涌现，创业的"海归"人员也不断增加。他们通过将本土文化与国际文化融合，并与国内的精英群体形成合力，给中国带来新的气象。

中国若要在全球化的竞争中提升国际地位和国际形象、发挥软实力，就需要充分认识、利用和提升中国"海归"群体的力量。当然，要真正将"海归"事业推向高峰，除了著书立说之外，还需要将东西智慧融会贯通，以提供行之有效的治国建言，为"海归"群体构建社会和历史责任层面上相应的影响力。2008年，我们共同创办了全球化智库（CCG），聚集了许多包括华裔在内的高层次国际人才，他们中有很多人是从事全球化研究的国际专家学者。我们提出的"中国留学人员回国创业启动支持计划"得到了原国家领导人的批示，并由财政部与人社部联合制定颁发，成为支持留学人员回国创业的重要政策，实行至今产生了巨大的社会影响。2008年4月25日，在中央人才工作协调小组在北京召开的专家会议上，我们向中央人才工作协调小组提交了1个主报告和7个子报告，为中组部出台《国家中长期人才发展规划纲要（2010—2020年）》（简称"规划"）编制工作提供了建议，为该规划的起草和出台发挥了积极作用，获得了中组部好评。2013年，CCG参与了中央有关部委和欧美同学会的《留学回国人员面临的形势及未来发展战略建议》及《关于进一步加强欧美同学会建言献策功能的建议》等课题研究。研究中提出的欧美同学会在当前局势下应成为智囊团、人才库、民间外交生力军等新定位和新设想，被采纳进了习近平总书记在欧美同学会成立100周年大会上的讲话中。[1]2016年，CCG提交的《关于成立国家移民局的建议》得到中央多位领导的批示。这些年来，CCG还组织了大量相关活动，如连续十四年举办中国留学人员创新创业论坛、连续三年组织海外高层次人才建言献策座谈会等，邀请美、英、法、德、俄、日等各国的海外留学人员、专家学者等社会精英人士出席会议，与中央和国家领导座谈，鼓励国际精英为国家建言献策。

从2005年《海归时代》出版至今，我们持续不断地提出留学、"海归"相关的新理念与新提法，形成了"海归"新叙事，引起了中央部委、"海归"人才和很多社会精英的共鸣，并得到了国内外媒体的广泛关注和大量的报道。如今，留学与"海归"已成为当代中国一个日趋重要的社会现象，其影响遍布国家和社会发展的方方面面，与千家万户产生了丝丝缕缕的联系。在中国不断融入全球化的进程中，留学与"海归"仍是一个重要的现象和研究对象，还有很多新的问题需要我们去研究、发现和总结。

本书共分为八章，第一章对中国百年留学史进行了系统性总结，归纳出不同历史阶段留学特点的演变。第二章和第三章重点从留学与"海归"两个视角阐述了21世纪以来中国留学潮与"海归"潮的新变化与新动向。第四章到第七章分别分析了政界、国际组织、科教文卫、创新创业等领域的"海归"人才发展情况，精心挑选了大量最新鲜并极具代表性的案例，对21世纪以来"海归"人才的角色进行重新定位。第八章从凝聚海内外留学人员，为中国更好实现在全球化时代崛起的角度出发，对优化"海归"人才就业环境、完善"海归"人才创业服务体系等方面提出建议，让越来越多的"海归"人才可以拥抱中国机遇，投身到中华民族复兴的伟大建设事业中。最后，在总结全书的基础

---

[1]《习近平在欧美同学会成立100周年庆祝大会上的讲话》，《人民日报》2013年10月22日 02版。

上，对中国留学人员回国发展的十大趋势做出了新的判断。

当今世界正经历百年未有之大变局。国际经济合作和竞争格局正在发生深刻变化，全球经济治理体系和规则也面临重大调整。当前新一轮全球化竞争已经启动，中国需要抓住这一机遇，以内外联动推进改革开放，保持全球第一贸易大国的优势地位，提升资本优势，建立人才优势，在全球治理中获取主动地位，与其他国家共同推动全球化的进程。"千帆竞发浪潮涌，百舸争流正逢时。"新的时代赋予留学人员新的使命，中国当代的留学人员有义务也有责任继续推动中国与全球化朝着更加开放、包容、普惠、平衡、共赢的方向发展，与世界各国人民一道推动构建人类命运共同体。

全球化智库（CCG）主任　王辉耀　博士
全球化智库（CCG）秘书长　苗绿　博士
2022年5月

目 录

第一章　百年留学史 ... 001
　第一节　探索与奠基 ... 003
　第二节　曲折前行到风起云涌 ... 020
　第三节　百年留学：嬗变与开新 ... 030

第二章　留学新纪元 ... 041
　第一节　全球最大的留学生生源国 ... 043
　第二节　留学潮的影响因素 ... 045
　第三节　留学新动向 ... 048

第三章　史上最大"海归"潮 ... 059
　第一节　"海归"时代 ... 061
　第二节　"海归"全景图 ... 068
　第三节　高层次"海归"回流 ... 071

第四章　大国智囊 ... 075
　第一节　"海归"参政议政 ... 077
　第二节　大国崛起的关键力量 ... 083
　第三节　国际组织中的"中国面孔" ... 087

第五章　科教文卫 093
第一节　科技创新 095
第二节　教育改革 100
第三节　文化体育 104
第四节　卫生医疗 106
第五节　公益慈善 107

第六章　激荡中国创业潮 109
第一节　弄潮互联网 111
第二节　资本引擎 115
第三节　"双创"主力军 117

第七章　连接中西 121
第一节　"全球500强"企业的中国"掌门人" 123
第二节　推动中国企业走向世界 124
第三节　民间外交生力军 129

第八章　"海归"梦·中国梦 135
第一节　打造"海归"的"中国梦工厂" 137
第二节　大趋势 149

参考文献 161

全球化智库（CCG）留学海归研究、活动大事记 171

附录一：我国关于出国留学人员相关文件摘选（1978—2020年） 191

附录二：全国留学人员创业园列表 203

后记 247

第一章　百年留学史

中国真正意义上的留学行为，始于1847年广东青年容闳的赴美留学。这位"留学第一人"促成了1872年中国第一批官派留学生的海外求学之行，使留学从最初的民间行为上升为官方行动。这背后则是清末名臣李鸿章所描述的"三千年未有之变局"，中西"文化势差"逆转，中国人认识世界的态度发生大转折。虽然这种"变"一开始是被动、被迫和无奈的，但由于这种"变"顺应了时代潮流和全球化趋势，很快就让中国人睁眼看世界，开始向西方学习。最早的中国留学生群体正是顺应这一"变局"的先知先觉者，他们走在了向西方学习、西学中用的最前列。

第一节　探索与奠基

一　清末民国的三次留学潮

清末民国时期是中国近代留学的开端。由于时局动荡、战事频繁，这一时期中国的留学事业发展坎坷。

（一）第一次留学潮（1872—1900年）

1847年，一个未满19岁的中国广东青年容闳，在广州搭上一艘名为"亨特利思号"（Huntress）的运茶船，远渡重洋，赴美求学。抵美后，容闳在马萨诸塞州的孟松预备学校（Monson Academy）就读，1850年考入耶鲁大学，4年后以优异的成绩毕业。

1854年冬，怀抱着让祖国富强的愿望，容闳回到故土。面对一个在鸦片战争中惨败又遭太平天国农民起义重创的中国，容闳积极推动"留学教育计划"，倡导"以西方之术，灌输中国"。他在自传《西学东渐记》中提到"予意以为，予之一身既受此文明之教育，则当使后予之人，亦享此同等之利益。以西方之学术，灌输于中国，使中国日趋于文明之境……予之教育计划果得实行，借西方文明之学术以改良东方之文化，必可使此老大帝国，一变以而为少年新中国！"[1]

1868年，清政府与美国政府签订了《浦安臣条约》。该条约规定，两国民众在对方境内享有接受教育的自由；两国民众可以到对方国家自由旅行以及长期居住。《浦安臣条约》为容闳"留学教育计划"的实行创造了有利条件。

1870年，天津民众与法国教堂产生冲突，发生了焚烧教堂杀害领事的"天

---

[1] 容闳：《西学东渐记》，岳麓书社2015年版，第23、88页。

津教案"。清政府派曾国藩、李鸿章经办此案。容闳担任翻译赴天津协助曾国藩处理"天津教案"。借此机会，容闳向曾国藩提出留学计划。他以"天津教案"为例，说明了中西增加了解、促进文化交流的必要性和重要性。经此一案，曾国藩愈发感到清政府缺乏精通西学之人。

1871年8月18日，曾国藩、李鸿章联名向同治皇帝递交奏折。"拟选聪颖幼童送赴泰西各国书院，学习军政、船政、步算、制造诸学。约计十余年，业成而归。使西人擅长之技，中国皆能谙悉，然后可以渐图自强"。同年9月9日，同治批复："依议，钦此"。

清政府准奏后，曾国藩、李鸿章在上海开设幼童出洋肄业局，在沿海各省选派10岁到16岁的幼童赴美学习。按照计划，从1872年起，每年派赴美幼童30名，连续四年，共计120名，预算用银一百二十万两，预计留学时间15年。鉴于清政府内忧外患的国情及洋务运动的切实需要，第一批留美幼童主要学习科技、工程等办洋务急需的学科。1872年，首批30名幼童由上海出发，途径日本横滨，到达美国旧金山，这便是中国政府向美国官派第一批留学生的开始。后来，容闳在写给时任耶鲁大学校长波特的信中郑重地谈到中国政府的意图："派遣幼童赴美接受完整教育，以备将来在中国政府各部门服务……他们不得入美国籍，或留美不归，也不得中途退出自谋他业。因为他们是官费学生，正如西点军校和海军官校学生对美国政府有应尽的义务一样。"。

自1855年重回故土，至1872年率领首批幼童抵美，容闳为"留学教育计划"奔波近十八载。据不完全统计，在这些留美幼童中，22人进入耶鲁大学，8人进入麻省理工学院，3人进入哥伦比亚大学，还有1人进入哈佛大学。其他幼童也纷纷进入伦斯勒理工学院、拉法叶学院、伍斯特理工学院、约翰·霍普金斯大学、布朗大学、理海大学等高校就读。虽然清政府于1881年下令召回所有留美幼童，这些幼童终究在美国收获到了丰富学识，并凭此在清末民初的政治、通讯、采矿、教育和交通等领域做出了杰出贡献。他们中的杰出代表包括铁路工程师詹天佑、清华大学首任校长唐国安、"中华民国"首任国务总理唐绍仪、"中华民国"外长梁敦彦、驻美公使梁诚、矿冶工程师邝荣光等。

2000年,耶鲁大学将容闳的画像挂在名人堂中,来纪念他在中美教育交流中所做出的贡献。

与容闳率领幼童赴美差不多同一时期,倡导"师夷长技以自强",一心效仿西方坚船利炮的清政府洋务派派出了海军留欧学生近百人。这些留欧生大多为20岁左右的青年,能独立生活和学习,出国前具备较高的文化水平,掌握外语、航海、操作、制造等基本技能。清政府对他们要求严格,留学期限一般为三年左右,主要学习军事科学、海军技术等。他们回国以后在海防和海军建设、武器设计、海防人才培养、民主思想启蒙等方面发挥了巨大的作用,这其中优秀代表如北洋海军右翼总兵兼旗舰"定远号"管带、代理丁汝昌出任北洋水师提督的刘步蟾(留英);左翼总兵兼"镇远号"管带、后任提督的林泰曾(留英);左翼左营副将兼铁甲舰"经远号"管带林永升(留英);左翼右营参将兼快速巡洋舰"超勇号"管带黄建勋(留英)等。把亚当·斯密的《原富》、赫胥黎的《天演论》等科学名著翻译、介绍到中国,有"精通西学第一人"之称的严复也是这批海军留欧学生中的一员。

(二)第二次留学潮(1900—1927年)

1895年,甲午战争惨败;1898年,慈禧镇压戊戌变法;1900年,八国联军攻入北京城;1901年,《辛丑条约》签订,赔偿列强本息共计9.82亿两关银。国防崩溃,民不聊生,清政府内外开始思索救国救亡出路。在动荡时期,官费、自费留学生或东赴日本,或远渡重洋,学习西方现代文明,救亡图存。

1. 留日潮

甲午一役,中国败于日本,国内民族危机感剧增,意识到日本通过明治维新迅速进入强国之列，清朝政府内外出现了向日本学习的呼声。1896年，清朝政府驻日公使裕庚将13名中国学生带到日本留学，这是中国近代留日潮的开端。1898年，湖广总督张之洞的《劝学篇》中曾大力提倡到日本留学，到1899年，留日学生已超过100人，其中在日本陆军的预科学校成城学校学习军事的最多，共有41人，主要来自湖北、浙江等地。

20世纪初，清朝政府改革教育制度，废八股、停科举；以日本为楷模，鼓励留学。1903年，清朝政府颁布由张之洞拟定的《奖励游学毕业生章程》，规定能在外国高校获得文凭者，可视情况被授予"拔贡、举人、进士、翰林"等出身。这些政策大大刺激了国人的留学欲望。

随着清朝政府财政日益紧张，官费留学生的数量逐步减少，清朝政府开始鼓励自费留学生，并放宽留学资格。同时，清朝政府承诺，自费留学生如果考入外国大学，可转为官费培养。为了确保自费生能完成学业，清朝政府还规定，自费生如果经费不足，或因病、自然灾害面临困难，清朝政府将给予补贴。

日本方面也积极吸引中国留学生。1898年，时任日本驻华公使矢野文雄主动致函中方，表示日本愿意接纳200名来自中国的留学生，相关费用由日方支出。同时，参谋总部福岛安正、宇都宫太郎及贵族院议长近卫笃麿等人极力游说清朝政府，力陈派遣留学生赴日学习的重要性。为了吸引中国留学生，日本专为中国学生设立了相应的机构，例如弘文学院、日华学堂、东京同文书院、振武学校、实践女校等。早稻田大学设立了中国留学生部；法政大学开办五期法政速成科；明治大学建立经纬学堂，针对中国留学生开设了预备科、警务速成科以及师资速成科。同时日方编著了很多专为中国人学习日语的书籍，1900年至1910年，共有59种相关书籍出版。

据不完全统计，20世纪前10年在日中国留学生总数至少有5万人[1]。目睹过这一盛况的早稻田大学教授青柳笃恒曾描述："学子互相约齐一声向右转，齐步辞别国内学堂，买舟东区。不远千里，北自天津，南自上海，如潮涌来。每遇赴日便船，必先抢搭，船船满座……总之，分秒必争，务求早日抵达东京。"得益于清政府的推动、日本政府的吸引，当时的日本成为接收中国留学生最多的国家。这就是中国留日运动史上的第一次浪潮。

在第一次留日潮中，留学人员的身份开始突破社会阶层的限制。不同于多出身贫苦的留美幼童，留日学生大多来自士绅阶层，他们攻读的学科也有别于留美幼童学习的科技、工程等。经历了甲午战争的失败，人们对科学救国理念中的科学有了新的认识。留日潮中，学习文科专业者占多数。根据有关统计资料显示，1904年中国赴日学生1300名，其中文科专业多达1100余人。

第一次留日潮中出现了一批杰出的人物。比如中国现代文学的重要奠基人鲁迅，曾于1904年至1906年在日本东北大学医学部的前身仙台医学专门学校留学。鲁迅对于"五四运动"以后的中国社会思想文化发展具有重大影响，蜚声世界文坛，尤其在韩国、日本思想文化领域有极其重要的地位和影响。还有同盟会领导人黄兴，革命宣传家邹容，主办《大公报》的知名新闻家、政论家张季鸾，中国现代乐歌史的启蒙先驱、话剧的奠基人李叔同等也都在该时期东渡日本，探寻救国路。

更值得一提的是，马列主义在中国的传播和中国共产党的成立，和留学生，尤其是留日学生密不可分。在俄国十月革命前，马克思主义已被介绍到中国。当时除英国传教士李提摩太外，中国人在自己的著述中最早提到马克思的是在日本待过的资产阶级改良派代表人物梁启超。1902年，他在《新民丛

---

[1] 王辉耀：《海归时代》，中央编译出版社2005年版，第10页。

报》上发表的文章中介绍了马克思，称他是"社会主义之泰斗""社会主义之鼻祖"，认为"社会主义必将磅礴于20世纪"。十月革命后，马克思主义得到广泛传播。受当时条件的局限，传播的内容既不是主要直接来自英文和德文原著，甚至也不是来自俄文原著，而是大部分译自日文。这种状况决定了曾留学日本的李大钊、陈独秀等在马克思主义的传播中的重要地位。根据中共中央党校党史教研部刘晶芳教授的研究，在中国共产党成立过程中，留学生发挥了很大作用，其中主持建党工作的主要领导人陈独秀、李大钊，参加了建党筹备工作，做出重大贡献的李达、李汉俊、陈望道、周恩来等都曾留学日本。留学生当时不仅在思想上接触到社会主义和马克思主义，而且在组织上借鉴到现代政治组织的经验，如组织政党、工会等，为中国共产党的建立进行了必要的理论和组织准备。[1]

清朝政府出于自强、改良而鼓励的留日运动，也为日后的民主革命培养了中坚力量。在推翻封建帝制的运动中，归国留日学生充当了先锋队。在武昌起义后的各省光复斗争中，留日学生起到了关键作用。

2. 留美潮

1901年，清朝政府与德、意、奥、日、美、英、法、俄等11国代表签订《辛丑条约》，赔款本利总计九亿八千万两关银，称"庚子赔款"。1907年，传教士明恩溥说服时任美国总统西奥多·罗斯福，将美国分到的"庚子赔款"（简称"庚款"）2444万美元中超过实际消耗的部分减退1078万美元，用于中国办高等教育和招寻中国学生留美。此后，英、日、法等国都效法美国，退回部分"庚款"，用于兴办中国高等教育。[2] 经中美双方协议，创办清华学堂

---

[1] 王辉耀：《海归时代》，中央编译出版社2005年版，第24页。
[2] 王辉耀主编：《百年海归 创新中国》，人民出版社2014年版，第4页。

（1912年更名为清华学校），用来选拔和预先培养留美学生。从1909年至1929年，清华学校（1928年更名为国立清华大学）派送留美预备部毕业学生967人；1929年至1937年又举行四次招考，共派送104人；1938年至1945年间的两次招考，录取39人。根据调查，由清华学校选派的"庚款"留美学生共计1971人，其中80%学习理工科，20%学习文科。[1]

"庚款"留学生到美国后纷纷进入顶级高校接受系统化的专业训练，回国后成为学科奠基人和学术栋梁，他们是开拓中国现代科技事业的一代。在此以后的半个世纪，中国科技界几乎每个领域都有"庚款"生的身影。

清华大学"终身校长"梅贻琦是第一批"庚款"留学生。在出任清华大学校长期间，梅贻琦奠定了清华大学的校格。他主持清华大学工作，在人才任用方面不拘一格。梅贻琦称自己的工作为"帮别人搬凳子"，他搬来的"凳子"为大师提供了一个平台，为中国教育的发展和中国文化的传播奠定了基础。

被誉为中国气象学、地理学界"一代宗师"的竺可桢于1910年获得"庚款"留学机会，赴伊利诺伊大学学习农业，后转入哈佛大学地学系学习气象。1918年，竺可桢获得哈佛大学博士学位。回国后，他主持建立了中国第一个地学系，开启中国对台风、季风、物候、气候变迁等领域研究的先河。

发明"侯氏制碱法"的侯德榜1913年被保送麻省理工学院化工科学习，后来进入哥伦比亚大学研究院研究制革，获得硕士、博士学位。作为中国重化学工业的开拓者，侯德榜揭开了索尔维法的秘密、发明了中国人自己的制碱法，并为发展小化肥工业做出贡献。

中国第一座现代化大型桥梁的设计者茅以升也是"庚款"留学生。20世纪

---

[1] 王辉耀：《海归时代》，中央编译出版社2005年版，第10页。

30年代，为了实现修建中的浙赣铁路与沪杭铁路的衔接，需要在钱塘江上修建一座大桥，茅以升临危受命主持修建钱塘江大桥。这是中国第一座公路铁路联合大桥，也是中国第一座自行设计和建造的大桥，改变了中国的铁路桥梁建设由外国人包办的历史，打破了外国人"在钱塘江上架桥的中国工程师还没有出生"的妄言，为中国现代桥梁史翻开了崭新的一页。

"庚款"生留美是中国留学史上重要而特殊的一个里程碑事件。"庚款"留学生在创办现代学科、完善大学教育、引领高等学术发展方向等方面作出了不可磨灭的贡献。由他们回国培养出来的一代又一代科技精英，奋斗在共和国的科研第一线并创造出了无数丰功伟绩。

3. 留法勤工俭学潮

从1915年开始，中国文化界的蔡元培等领导者就不断号召青年向西方学习科学技术，以此来振兴中华。他们提倡"勤以做工，俭以求学"，并发起成立"留法勤工俭学会"（以下简称"俭学会"），在里昂、北京等地设立分会，招寻自愿赴法求学的青年。为鼓励赴法勤工俭学，"俭学会"在北京长辛店、河北高阳县、保定、成都等地开设留法预备学校。李石曾组建"华法教育会"与法国社会各界建立联系，为赴法半工半读创造条件。

因四川、湖南等地军阀混战，青年学生苦无出路，勤工俭学运动一经发起，就得到了川、湘等地学生的响应。这一时期的赴法留学生，既有接受过高等教育的大学生、专业人员，也有来自工人、农民家庭的子弟。

勤工俭学运动为以后中国的政治、科技、文化、艺术各项事业的发展做出重大贡献，尤其是为马克思主义引进中国并进行传播及新型政党在中国的组织和建立培养了大批栋梁人才。周恩来、邓小平、陈毅、聂荣臻、李立三、蔡和森、蔡畅、李富春等都是1920年前后赴法勤工俭学的。严济慈、童第周、巴金、徐悲鸿、钱三强、萧三、冼星海等著名科学家、艺术家、音乐家都随此潮在法国学习和工作过。

4. 早期留苏潮

1919年共产国际在苏俄建立，次年，俄共（布）决定建立莫斯科东方劳动者共产主义大学（莫斯科东方大学），招收苏联远东各少数民族和亚洲各国的革命青年，为苏联远东地区培养民族干部，为亚洲各国提供革命人才储备。瞿秋白、刘少奇、任弼时、罗亦农、萧劲光、王一飞、柯庆施、彭述之等首批赴莫斯科东方大学学习。

孙中山逝世后，莫斯科东方大学改名为孙逸仙大学，又叫中山大学。国共合作时期，国民党中央政治委员会派遣张闻天、叶剑英、王稼祥、秦邦宪、许光达、杨尚昆、伍修权、乌兰夫、廖承志、刘伯坚、谭平山、蒋经国、屈武、谷正纲等前往莫斯科东方大学或中山大学学习。1925年以后，朱德、邓小平等从西欧转到莫斯科东方大学。1926年，中山大学在校生为340人，1927年达到800人，至1930年中山大学关闭，留学生总数在千人以上。

同期，国内第一次国共合作统一战线建立，在联俄、联共、扶助农工政策的指导下，大批有志青年前往苏俄学习。早期的留苏潮为中国共产党培养了大批革命干部，后来成长为中共领导革命中的支柱力量。

（三）第三次留学潮（1927—1949年）

中华民国建立前后，实业救国论盛行，海外求学专业转向了自然科学、应用科学。1933年，国民政府颁布的《国外留学规程》规定，"以后选派国外留学生，应重视自然科学及应用科学，……每次属于理农工医的，至少应占全额十分之七。"[1] 对于私费生的专业选择，国民政府"得依本人志愿"，但津贴补助顺序按照理工农医优先，文科生只有被大学录取后，才有接受国家补助的资

---

[1] 王奇生：《中国留学生的历史轨迹》，湖北教育出版社1992年版，第149页。

格。在留学人员派遣上，一方面，清华大学继续选派"庚款"留学生；另一方面，中央和地方政府向欧美各国派遣官费留学生。这些留学生中，有不少诺贝尔奖获得者，如杨振宁、李政道等，还有许多日后对中国"两弹一星"做出巨大贡献的科技人才。

在第三次留学潮时期，中国留学教育步入较为成熟的阶段。相较之前，该时期获得自然科学、应用科学领域学位的人占相当大的比例。以留日学生为例，1929年，留学生中文科占64%，理工科占36%；1937年，文科降至38%，理工科为62%。[1]这一时期的留日学生在中国现代数理学科的创建和发展的过程中扮演了重要的角色。他们翻译物理和数学科学著作、编写教科书，在数理知识的引进、传播、普及、研究方面做出诸多贡献。

中国微分几何学派创始人，被誉为"东方第一几何学家"的苏步青是这个时期留日学生的杰出代表。1927年，苏步青毕业于日本东北帝国大学数学系，1931年获得该校理学博士学位。他发展了"K展空间"理论，从1927年起在国内外发表论文160余篇，专著十多部。从1931年到1952年间，苏步青培养了近百名学生，其中有8名院士。

创建台湾大学物理系，被誉为台湾物理之父的戴运轨1927年毕业于日本京都帝国大学物理系。回国后先后担任北平师范大学、中央大学、金陵大学物理系教授，并编写中学物理教科书和《大学教本普通物理学》。1946年赴台湾参与接收台湾帝国大学并改名为国立台湾大学。从1946年至1962年，戴运轨担任台湾大学物理系主任，创立了台湾大学原子核物理研究室，并成功地进行了我国第一次原子核击破实验。

同时期由清华大学或政府选派的留学生在学成回国后，60%以上进入了国

---

[1] 王奇生：《中国留学生的历史轨迹》，湖北教育出版社1992年版，第150页。

内高等院校或研究机构。他们中的很多人在日后为新中国的教育、科技、国防事业做出卓越贡献。

张钰哲于1925年考入芝加哥大学，攻读天文学。他是中国近代天文学的奠基人，中国天文学史上一颗"永不熄灭的星星"。1928年，张钰哲发现了第1125号小行星并为其命名"中华"。这是中国人自己发现的一颗小行星。1978年，第2051号小行星被命名为"张"，用以表彰张钰哲在天文学上的巨大贡献。

中国航天事业的奠基人钱学森于1935年获得"庚款"留学机会。师从冯·卡门教授，钱学森在加州理工学院获得航空、数学博士学位。回国后，他主导了中国火箭研究计划，组建了导弹研究团队，参与中国弹道导弹研制，参与制定了中国第一个星际航空发展规划，推动了中国航天工业的发展。钱学森引领创造了中国航天事业发展的历史。

抗日战争期间，中国赴海外留学人数锐减。1938年至1941年间，出国留学人数仅约300人。受战争影响，全球往来受阻，很多留学生毕业后留在国外工作。至1950年散布在各国的中国留学生和学者有5000多人，其中美国最多，达到3500人，其次是日本1200人，英国、法国、德国、丹麦和加拿大等国家也都存在一定数量的中国留学生和学者。1949年到1954年间，共有1424人历经坎坷挫折回到祖国，到20世纪50年代末，回国人数才增至2500人。经过在海外的长期学习、工作，战后回国时他们已是卓有成就的科学家、熟悉现代产业技术的工程师，他们为新中国科学研究体系和工业基础的建立做出了不可替代的贡献。[1]

---

[1] 王辉耀：《海归时代》，中央编译出版社2005年版，第13页。

二 清末民国时期留学生的群体特点

（一）留学成为新出路引发社会中上层留学潮

近代中国留学生阶层的变化情况，反映了近代留学教育从无到有、从少到多的发展历程。清末民国时期，中国受到了来自西方文化的冲击，加上当时社会环境的动荡，留学趋势基本随当时的社会环境与主流思想变化。当留学尚未被社会主流所重视时，来自底层的幼童成为出洋留学的探索者，当留学成为一种新的出路时，拥有更多资源的社会中上层群体就垄断了这一教育方式，如表1—1所示。

表1—1　　　　19世纪末至20世纪初留学生的群体特征

时间	留学生主体	主要地域分布	主要对象
1872—1894年	社会底层	以广东、福建为主	穷苦家庭的幼童
1895—1919年	社会中上层	以江苏、浙江、广东为主	乡村士绅、举、贡、生员、翰林、进士、官员、富裕家庭等
20世纪20年代	社会阶层扩大	以湖南、四川为主	专业人员、工人、农民子弟等
20世纪30年代之后	社会中上层	以江苏、浙江、广东为主	受过高等教育的学生或者专业人士

资料来源：根据公开资料整理而得。

19世纪后半期的留学生大多来自于外国传教士资助的教会学校，出身寒微。当时的富家子弟认为只有通过科举考试取得功名才是正途，出洋留学不仅是"歪门邪道"，而且路途凶险、前途未卜。所以尽管官费待遇优厚，但留学只是社会底层家庭的不得已之举，留学前甚至要签订"生死文书"。[1]

1894年后，留学人员的身份开始突破社会阶层的限制，这主要源于社会中上层对于留学的态度发生了改变。在清朝废除科举制度以后，出国留学成为读书人新的仕途捷径。当时的留日热潮中，大多数的中国学生都来自士绅

---

[1] 王辉耀：《海归时代》，中央编译出版社2005年版，第7页。

阶层，这批留学生或者是来自士绅阶层的家庭，或者是士绅本人，亲赴日本学习。甚至清朝政府中更高级别的官员，也有着极大的留学热情，例如，张之洞曾经送孙子张厚琨、张厚畹到日本贵族学校"学习院大学""中央幼年学校"学习。

进入中华民国时期，留学生主要来自社会中上阶层的局面依旧没有改变。截至1949年，留学人员或者是由国民党政府选拔出的杰出人才，或者是由具有较多社会经验、年龄偏大的专业人才构成，社会中上阶层人士构成了当时的留学人员主体。研究认为，留学生的主体从社会底层到社会中上层的变化，主要是基于以下原因：

第一，社会对出路的认识发生了变化。清朝末期尽管中国面临被列强瓜分的风险，但传统的科举文化并未中断。对于上层阶级和富家子弟来说，读"四书五经"、科举入仕才是"正途"，出洋留学被认为是"有辱门楣"之举。而对于社会经济地位较为低下的家庭来说，他们本身就缺乏通过仕途求取功名的传统途径，加上沿海地区的农民或者商人多少会与国外有所接触，远赴海外求学对他们而言不失为一个改变命运的出路。1905年科举制度废除之后，传统士子求取功名的道路被阻断了，留学就成为读书人出人头地的新途径。

第二，留学费用居高不下。早期留学人员为政府派遣，数量较少且政府能够负担其学习和生活各项费用，因此能吸引一批贫寒学子远赴重洋。随着科举制度的废除，留学人数与日俱增，政府的公派留学选拔愈发严格，而自费留学对于当时中国人的收入水平来说极其昂贵。在这种情况下，留学很快成为社会中上层富家子弟的特权。有学者曾经计算过，在20世纪30年代的华中地区，家里有30亩良田才能供给两个孩子上小学，有50亩良田才能供给一个子弟进城读高小，而想要供给一个孩子读到初中，则需要有良田 200 亩以上。[1] 而当时国外留学的费用，更是远远超过了国内上大学的费用。即使是留学费用最便宜的日本，每年所需的费用都相当于国内大学生每年费用的 3 倍。如此高昂的留学费用，绝非一般家庭可以承担，如表 1—2 所示。

表 1—2　　1936 年留学费用与国内大学生费用比较

国别	教育部所定留学公费标准（每人每年）	折合人民币（元）	与国内大学生费用比较（以每人每年 400 元计算）
英国	240（英镑）	3960	9.9∶1
德国	4200（马克）	4578	11.4∶1
法国	21500（法郎）	3888	9.7∶1
美国	1080（美元）	4935.6	12.3∶1
日本	840（日元）	1293.6	3.2∶1

资料来源：根据《我国留学生出国留学之费用标准》，《申报》1936 年 12 月 18 日整理而得。

第三，留学条件较高。1933 年国民政府教育部颁布的《国外留学规程》中规定，必须通过考试选拔公费留学生。学生要从专科以上学校毕业才有资格参与选拔，而对于出身贫寒的学生来说，能够念完中学已经实属不易，几乎没有进入专科及大学学习的机会。

然而，在留学主体从社会底层向社会中上层转变的过程中，也曾短暂出现过两次突破阶层限制的现象，在这两次变动中，留学主体不再限于社会中上层。第一次是 1919 年"五四运动"前后掀起的赴法勤工俭学运动。该运动的宗旨是"勤以做工，俭以求学"，对留学人员的经济条件不进行限制，从而使富家子弟垄断留学的格局得以被打破。当时四川、湖南等地军阀混战、民不聊

---

[1] 汪一驹：《中国知识分子与西方》，台湾枫城出版社 1978 年版，第 156—157 页。

生，青年学生苦无出路，勤工俭学运动得到了大批出身贫寒的川、湘等内地学生的响应。这一时期赴法留学人员的成分因此参差不齐，既有接受过高等教育的大学生和专业人员，也有大量来自工人和农民家庭的子弟。

第二次是1934年到1937年抗战爆发前的留日热潮。在中日关系紧张之际，数以千计的中国青年赴日本学习，希望能够"知己知彼、师夷长技"，救亡图存。这一时期金价暴跌，银价上涨，货币汇率对中国有利，去日本留学甚至比在国内读书还划算，加上国民党当时对进步书刊进行了一次大规模禁毁运动，导致来自各阶层的进步青年东渡赴日，寻求出路。

总的来说，清末民国时期的留学生主要来自于苏、浙、闽、粤地区。早期出国的留学生大部分都来源于广东、福建两地。早期的留学生如容闳、伍廷芳、孙中山等都是广东人，早期的留欧学生，如严复、刘步蟾等都来自于福建省。这主要是因为中国南方沿海省份是中国历史上较早和较多接触西方文明的地区，当地居民也有出洋谋生的传统，较风气未开的内陆地区更能接受出洋留学这条道路。

1894年的甲午战争激发了中国人留学的热潮，其省籍来源不再限于广东和福建，江浙两省的学生逐渐增多。江浙地区自明清以来就是中国的首富之地，拥有良好的经济基础，历史上人文气息浓厚、教育发达，再加上民国之后成为了全国的政治中心，在出国留学上拥有极为便利的条件。甲午战争至20世纪40年代，江浙粤地区的出国留学人数始终占据全国前列的位置。根据抗战前夕国民党政府的一项统计显示，清末以来回国的留学生当中，来自江苏、浙江和广东省的生源分别占到了16%、13.1%和12.8%，内陆省份排名最高的河北也只有7.4%[1]，东南沿海三省留学生比例远远超过了其他内陆各省，这也反映

---

[1]《全国学术工作咨询处月刊》第3卷4期。

出了近代中国经济发展不平衡的状况。

"五四运动"前后的留法勤工俭学潮打破了近代留学生省籍分布"沿海多，内陆少"的现象。据统计，在1862名留法勤工俭学的学生中，排名最高的省份是四川，占总数的25.1%，其次是湖南的18.5%，广东为13.5%，江西为12.4%，河北占7.9%。[1] 可以看出，内陆省份占据了这一短暂留学潮的主流。这是因为勤工俭学运动的学生来自社会各阶层，不再限于江浙地区的富庶群体。而当时川湘赣地区的士子政治热情较高，受到各种政治思潮的影响，想通过留学来寻求出路。

（二）救亡图存的使命滋生出留学的科学救国思潮

清朝末期所面临的"三千年未有之大变局"赋予了这个时期留学生救亡图存的历史使命感。由于他们坚信科学可以改变中国积贫积弱、被列强蹂躏的现状，实现民族国家的复兴，因此在这一时期，留学所学专业具有非常强的实用属性。修习社会科学、政治科学尽管没有学习科学技术那样具有强烈的现实意义，但在特定时期也成为重要的留学学习方向，同时也折射出有识之士们对中国前途命运的思考和探索，如表1—3所示。

表1—3　　　19世纪末20世纪初留学生主要学习的内容

时间	所处历史阶段	主要学习内容
1872—1894年	洋务运动时期	工业和军事科学
1895—1911年	甲午战争之后直至清朝灭亡	政治科学为主，军事为辅
1911—1949年	民国时期	自然科学为主，政治、社会科学为辅

资料来源：根据公开资料整理而得。

这一时期的留学生始终秉持科学救国的留学理念。虽然在不同时期科学一词的内涵有所不同，但从整体来说主要是指自然科学。

---

[1] 汪一驹：《中国知识分子与西方》，台湾枫城出版社1978年版，第160页。

19世纪六七十年代的洋务运动时期，当时清政府的治国方略主要是"师夷长技以制夷"和"自强以练兵为要，练兵又以制器为先"。在这种思想指导下，留学生的主要学习内容被严格限制在以军事技术和军事知识为中心的机械制造、矿产、造船和海军操练等领域。各种军事工业、军校、语言学校，乃至新式海军等陆续建立。

清朝政府希望通过引进西方技术达到富国强兵的目标。虽有少数开明先进官僚认识到，洋务运动过于强调坚船利炮，但当时无论是中央还是地方，无论是在朝还是在野，强调的只是科学技术作为生产力的工具性。因此，洋务运动时期的"科学救国"实质上是"技术救国"。

甲午战争之后，由于中国战败，科学救国理念中对于科学的认识发生了变化，人们对科学的认识更多偏向于政治科学，但这只是一个比较短暂的时期。1894年后的留日浪潮中，文科类专业如法律、政治等盛极一时。当时留日的学生中速成班学生占大多数，而速成班主要就是学习法政和师范两科，学习年限为一年或一年半。根据有关学者的统计资料显示，1904年，1300名中国留日学生中，学习人文及社会科学（包括法政、师范和普通科）者达1100余人。在这期间，清政府兴办新军，加之国内革命派反清斗争的需要，在社会科学之外，军事科目依旧是留日学习的热门专业之一。

赴日本学习政治科学热潮主要有两个推动因素：一是因为甲午战争后清政府的变革急需了解西方文化的人才，对人才的渴求有饥不择食之感，日本"路近费省"且文化相近，无论是政府还是留学生都有急于求成的心理，希望短期内就学成报国。所以在日本多修习职业技术专业，诸如师范、军事和法政等。二是因为当时赴日者鱼龙混杂、新学功底薄弱，留学人员当中不乏年龄偏大的传统士绅，其所受经史教育与近代自然科学教育相差甚远，一时难以衔接，所以避难就易，多习文科。

中华民国建立后，科学救国思潮再次转向了自然科学，并促成了"五四运动"的兴起与发展。这一时期留学欧美的学生大多数选择了工程、农林、医学、物理和化学等自然科学。从1934年开始，留日人数节节上升，到1935年达到了8000人之多。这一时期的留日热潮声势宏大，留日学生的专业注重理、工、农、医学和军事，在一定程度上反映了留学生在抗战爆发前的备战心态。抗战胜利之后，美国成为国民党政府输送留学生的主要目的国，一方面是出于受到了抗战中武器落后的刺激；另一方面是出于战后国家有强烈的进行和平建设和加速工业化进程的需求。这一时期的留美学生主要以学习美国先进科学技术为主，他们归国之后成为新中国现代科技发展的中坚力量。

民国时期在学习西方科学实业的同时，国内的有识之士从来没有放弃过通过学习政治、社会科学进行中国革命道路的探索。特别是1917年俄国十月革命胜利的消息传来之后，掀起了一股勤工俭学的浪潮。这一时期的留法和留苏学生在专业选择上不再局限于科学器物，在艺术文学、社会科学上也有着较深的涉及。他们接触了大量辩证唯物主义和历史唯物主义、革命运动史、政治经济学和列宁主义等政治哲学思想，为"五四运动"之后的新文化运动和中国革命培养了一批人才、打下了思想基础。

第二节　曲折前行到风起云涌

新中国成立至今，中国的留学发展先后经历了建国初期的曲折前行、改革开放后的恢复发展以及进入21世纪以来的风起云涌三个阶段。

一　曲折发展阶段（1949—1978年）

自新中国成立后到改革开放前，由于特殊的历史环境和政治环境，留学教育的力度出现了一定程度的缩减，留学进入了一个曲折发展的阶段，如表1—4所示。

表 1—4　新中国成立后至改革开放前中国留学的主要阶段及特征

	年份	留学政策	留学主要特征
1	1950-1953 年	严格选拔、宁缺勿滥	留学人数较少；以苏联为主；少量去往东欧国家
2	1954-1956 年	严格审查、争取多派	留学生数量扩大；主要留学苏联；理工科为主
3	1957-1963 年	多派研究生、一般不派大学生	留学数量缩减；注重留学生质量；留学扩大到亚非拉和西方国家
4	1964-1965 年	单一派遣	留苏学生大量减少；亚非拉和西方国家留学数量增多；外语专业为主
6	1966-1978 年	基本停滞	由于文化大革命原因，留学教育基本处于停滞状态，文化大革命后开始复苏

资料来源：根据公开资料整理而得。

新中国成立初期，由于国家利益和意识形态上的对立，西方对中国实行了全面的封锁，自晚清以来形成的以欧美为主的留学传统在此阶段被打破。为了建设新中国，需要马上建立起来一支强大的建设、管理人才队伍。在中苏友好结盟的条件下，中国向苏联和东欧社会主义国家大规模派遣留学生，并成立了留学生派遣工作领导小组，负责制定方针、计划和组织实施，以便与国家工业建设计划密切结合。留学生的派遣、回国、管理政策都被纳入严格的体制管理中，留学具有了高度的组织性和导向性，上升为国家行为。

这一时期，中国向苏联等国家派遣留学生可分为三个阶段：

第一阶段：20世纪50年代初期，这一阶段的派遣特点为"严格选拔，宁少毋滥"。国家对留苏学生的选拔在政治、体格、文化课方面有严格的要求。因此，1950年首批赴苏联、东欧的留学生只有35人。随着1951年《关于中国公民在苏联进行生产技术实践的条件的协定》的签订以及次年《关于中国公民在苏联高等学校学习的协定》签订，苏联开始通过接收留学生学习和技术干部实习两种途径为中国培养专家。

第二阶段：20世纪50年代中期，这一阶段的派遣特点为"严格审核，争取多派，理科为主，兼顾全面"。毛泽东在中国人民政治协商会议第一届全国委员会第四次会议上提出"我们要在全国范围内掀起学习苏联的高潮"，留苏教育由此进入全面繁荣阶段。到1956年，我国共派遣6288名留学生前往苏联学习，其中研究生1088人，本科生5200人，理工科专业占75%左右。

第三阶段：20世纪50年代末60年代初期，这一阶段的派遣特点为"多派研究生，一般不派大学生"。留学教育向着"高、精、尖"方向发展。高等教育部在缩减留苏名额的同时提高了留学研究生和进修教师的比例，这一阶段的留苏人员多从高校教师中选拔。随着中苏关系转向下行，派遣留学生人数进一步减少。

除了教育部门向苏联和东欧派遣留学生，20世纪50年代中央军委也派出军事留学生800人，共青团中央派出138人。为了执行各项苏、欧援建计划，"一五"期间由工业部门独立派出7800人去苏联、东欧的工厂、矿山对口学习工艺技术和管理，其中管理人员609名，工程技术人员4876名以及工人2291名，其他44人。[1]

1966年，"文化大革命"开始，苏联要求所有的中国留学生于10月底前离境。至此，新中国成立初期的留苏潮落下帷幕。直到1972年，中国恢复向西方国家派遣留学生的政策，由于外交需要，1972年至改革开放前的几年"恢复派遣期"，我国主要以派遣翻译人才学习语言为主。

新中国成立初期这一代留学生身上寄托着中国共产党建设新中国的殷切希望。毛泽东主席那段著名的演讲"世界是你们的，也是我们的，但是归根结底

---

[1] 成凡：《百年中国：百年留学潮里的四个时代精神》，http://finance.sina.com.cn/review/20041229/22031260060.shtml，2004年12月29日。

是你们的。你们青年人朝气蓬勃，正在兴旺时期，好像早晨八九点钟的太阳。希望寄托在你们身上"，就是他在出访苏联接见中国留学生代表时讲的。

据不完全统计，从 1951 年至 1965 年，中国向苏联和东欧等社会主义国家共派遣留学生 1.8 万人，其中超过 1.6 万人被派往苏联，占全部留学人员的 90% 以上，他们在苏联 20 多个城市中的 220 多所大学和科研机构学习和研究。莫斯科和彼得格勒的留苏学生占留学人员总数的 70% 多，所学专业涉及航空、能源、钢铁、机械、地质、军事、化工、医药、气象、造船、交通运输等 40 余个国内亟须人才的专业学科。20 世纪 50—60 年代中国共派出的 1.8 万名留学生全部回国，在中国的现代化第一线奉献了自己的智慧和青春。"一五"计划期间，苏联援助的 156 个项目中，几乎每个项目都有在苏联接受过专业培训的工程师、技术骨干，例如，洛阳第一拖拉机制造厂有 173 名管理、技术人员在哈尔科夫拖拉机厂接受培训；位于长春的第一汽车制造厂有 700 人在莫斯科利哈乔夫汽车制造厂接受过培训。

国防科技和航空航天领域曾经在苏联留学或工作过的，40 多人先后被评为"两院"院士。他们中有"两弹一星"元勋周光召、"中国核潜艇之父"彭士禄、载人航天总设计师王永志、探月工程总设计师孙家栋等。还有组织领导核燃料萃取剂研制工作的袁承业，使我国跻身世界前三、掌握卫星回收技术的林华宝，担任"北斗一号"卫星应用系统总设计师的童铠，主持研制太阳同步轨道气象卫星的孟执中，等等。

在地质勘探领域，截至 1959 年，中国共派遣 761 名学生赴苏联学习地矿专业，其中有后来的地质矿产部部长朱训、副部长张宏仁，两院院士郝治纯、涂光炽、丁国瑜等。

在铁路交通领域，从 1951 年至 1959 年，有近 200 名留学生前往苏联系统学习铁路运输管理等专业。新中国电力机车的奠基人、曾任铁道部部长的傅志寰于1956年前往莫斯科铁道学院留学，1961年毕业回国后，被分配到湖南株洲电力机车研究所担任技术员。在20多年的科研开发工作中，傅志寰和同事们成功研制出韶山1型、韶山2型、韶山3型、韶山4型电力机车、KDZ1型电力动车组，填补了我国电力机车和电力动车组的空白。1990年至2003年，傅志寰担任铁道部主要领导人期间，领导组织了中国铁路四次大提速，形成了"四纵四横"、延展1.4万公里的提速网络，中国铁路列车数量增加、运输能力提高，社会效益和经济效益显著提升。傅志寰还是青藏铁路的积极推动者，世界上海拔最高、线路最长、穿越冻土里程最多的高原铁路——青藏铁路建设启动并开始施工就是他积极推动的成果。

留苏学生除了在工业和国防建设领域发挥举足轻重的作用外，文化领域中也涌现了一批优秀的艺术家，例如最早在国际舞台上为中国赢得荣誉的小提琴家盛中国、《黄河钢琴协奏曲》的主要创作人和首演者殷承宗、"中国交响乐之父"李德伦、中国第一位女指挥家郑小瑛等。

建国初期的留苏潮是新中国留学运动的开端，在特定的国内外环境下，这次留苏潮与中国历史上曾出现过的留学潮有着很大的不同，即国家行为贯穿留学活动的全过程。从留学生的选派、培训、政治和业务审查，到留学专业选择、学校选择、学习中的思想政治教育、回国工作分配，政府相关部门均发挥决定性的作用。新中国成立初期的留苏潮为我国社会主义建设事业在较短时间内快速培养出了一大批技术骨干、各种专门人才，输入了苏联建设社会主义的先进经验、优秀成果。然而，随着中苏关系恶化，1967年，最后一批留苏学生全部撤回，由此，以国家派遣为主导的、长达17年的留苏潮陷入停滞状态。总的来说，这一时期的留学潮主要是政府的计划行为，留学发展受国家政策影响较大。

二 恢复发展阶段（1978—2000年）

在经历了闭关锁国的10年"严冬"之后，我国的留学教育终于迎来了改革开放的春风。从20世纪80年代开始，国家放开了自费留学，"支持留学、鼓励回国、来去自由"成为国家支持和鼓励留学的总体方针，留学教育开始得到恢复发展，如表1—5所示。

表1—5　　　　　　改革开放后中国留学的主要阶段及特征

	年份	留学形式	留学主要特征
1	1978—1985年	公派留学为主	留学审批权下放；留学以理、工、农专业为主
2	1985年后到20世纪90年代初	自费留学不断增多	国家取消自费留学限制；留学逐渐向商科倾斜；公派留学出现"学而不归"现象
3	20世纪90年代中期之后	自费留学成为主流	商科成为主要留学专业之一，留学专业分布更加细化，留学目的更加多样

资料来源：根据公开资料整理而得。

1971年，中国恢复联合国合法席位，打开了与西方各国经济技术交流的大门，为交换留学生创造了有利条件。党的十一届三中全会把党的工作重心转移到以经济建设为中心上来，由此拉开改革开放的序幕，中国进入社会主义建设新时期。为了实现"四个现代化"，缩小中国与西方国家的差距，学习和吸收先进的科学技术、管理经验和优秀文化，邓小平做出了恢复大规模派遣留学生的重大决策。被各种政治动荡中断和抑制了十多年的留学需求从此迸发，并形成了中国历史上最大的一次留学潮。

1978年6月，邓小平在听取教育部关于清华大学工作汇报时，针对扩大派遣留学生问题发表了一段著名的讲话[1]，他指出："我赞成留学生的数量增大……要成千成万地派，不是只派十个八个……要千方百计加快步伐，路子要越走越

---

[1]　中国政府网：《新中国档案：邓小平作出扩大派遣留学生战略决策》，http://www.gov.cn/test/2009-09/30/content_1430681.htm，2009年9月30日。

宽"。随后，教育部向中央提出了《关于加大选派留学生的数量的报告》。同月，美国派出总统科技办公室主任弗兰克·普雷斯率领科技访问代表团访华，邓小平在会见该代表团时积极要求美方接收中国留学生。当年10月，中美双方达成11项口头谅解。12月，新中国成立以来派出的首批访问学者启程赴美。1979年，邓小平访问美国，与美国总统卡特签署了关于派遣留学生的正式协议。随后，中国陆续同英国（1979）、埃及（1979）、加拿大（1979）、荷兰（1979）、意大利（1980）、日本（1981）、联邦德国（1981）、法国（1981）、比利时（1981）、澳大利亚（1986）等国达成交换留学生的相关协议。

1984年，国务院出台《关于自费出国留学的暂行规定》，允许凡通过正当合法手续取得外汇资助或国外奖学金，且办好入学许可的中国公民，不受学历、年龄和工作年限的限制，均可申请自费到国外上大学、进修或者进行研究。同时，为鼓励自费出国留学人员学成回国，他们的工资待遇和职称评定，均按同类公费出国留学人员的有关规定办理。这些新政策无疑为大家打开了自费留学的一扇门。之后，有关部门又取消了《自费出国留学资格审核》，出台了《关于出国留学人员工作的若干暂行规定》，出国留学变得更为简便，广大有志留学青年拥有了具有法律保障的留学权利。

从1985年到20世纪90年代末，随着改革开放不断加深，社会主义市场经济逐步完善，自费留学人数快速上升。

1992年，邓小平在南方谈话中提到"希望所有出国学习的人回来。不管他们过去的政治态度怎么样，都可以回来，回来后妥善安排。这个政策不能变。告诉他们，要做出贡献，还是回国好。"[1]在这番讲话发表后，我国确立了"支

---

[1]《在武昌、深圳、珠海、上海等地的谈话要点（一九九二年一月十八日——二月二十一日）》，https://www.dangjian.tsinghua.edu.cn/info/1020/4424.htm，2006年7月13日。

持留学、鼓励回国、来去自由"的总体方针，留学政策进一步放宽。1996年，国家成立国家留学基金委员会，实行"个人申请、专家评审、平等竞争、择优录取、签约派出、违约赔偿"的新办法，通过法律手段管理公费留学。公费留学制度获得了全面改革。

邓小平的远见卓识开启了中国留学历史的全新时代，他认为"总结历史经验，中国长期处于停滞和落后状态的一个重要原因是闭关自守。经验证明，关起门来搞建设是不能成功的，中国的发展离不开世界"[1]，在反复强调对外开放重要性的同时，邓小平强调要把派遣留学人员作为实行对外开放的一个强有力的手段，因为只有派人出国学习，才能真正学习外国先进的科学技术、文明成果。

根据全球化智库（CCG）研究显示，1978—2000年22年间，中国出国留学人数约为34万人。改革开放以来，我国市场机制日益完善，经济迅猛增长，社会更具活力，给留学生提供了更广泛的发展空间。这一时期的留学生，有像历代留学生一样成为在科教文卫领域从事研究、教学工作，回国后为我国科技进步、科技体制改革创新和人才培养做出贡献的人才；也有一些成为在市场经济的浪潮中，带回技术、资本、管理经验、回国创业、填补国内行业空白的人才。他们在改革开放后奔赴世界各地，很多在中国现代化建设中做出了突出贡献，许多人成为各行各业的领军人才和中坚力量，并涌现出一大批科学家、企业家和教育家，他们在填补与缩短中国与西方发达国家在经济、科技、军事、文化、教育等诸多领域的空白与差距的过程中，发挥了领头作用；他们自觉担当起中国全方位开放的先遣队，充当着中国与世界沟通交流的天然桥梁；他们推动东

---

[1]《我们的宏伟目标和根本政策（一九八四年十月六日）》，https://www.dangjian.tsinghua.edu.cn/info/1020/1200.htm，2006年7月。

西方文明的融合与交流，给国内带来了许多新思想、新文化，促进了中国经济更好更快地融入世界经济体系。这一代留学生里面涌现出了很多代表人物，如推动中国加入WTO的原对外经济贸易部副部长龙永图、中国石油化工集团原董事长傅成玉、清华大学首批文科资深教授、经济管理学院原院长钱颖一等。

三 风起云涌阶段（2001年至今）

得益于改革开放，我国经济社会发展取得举世瞩目的辉煌成就，人均GDP从1978年的385元到2021年突破8万元。收入的增加进一步刺激了留学需求，进入21世纪以来，留学总人数一路迅猛增长，从2000年的3.9万人增长到2019年的70.35万人。[1]同时，延续20世纪80年代"支持留学，鼓励回国，来去自由"的留学方针，使自费留学至今热度不减。根据教育部历年发布的数据显示，21世纪以来，我国自费留学率保持在90%左右。合作办学、职场留学、海外游学等新留学形式，无一不刺激了留学总人数的增长。21世纪的中国呈现出规模空前的留学潮。这一阶段的留学行为可以概括为中产阶层及工薪阶层为实现个人发展而采取的自觉行动。这一阶段的留学已是国内外的双向产业化活动，明显区别于之前的任何一个阶段。伴随着气势磅礴的出国潮，接踵而来的是"海归"潮，据教育部统计，2000年"海归"人数仅为9100人左右，2019年已达到58.03万人。"海归"人数的几何级数增长源于海外"推力"与国内"拉力"的共同作用，即全球经济发展重心向亚洲转移与我国巨大的经济发展潜力、丰富的人才吸引政策之间的相互作用。

回首百年，从容闳孤身赴美，到如今百万学子海外求学，一代代留学生不断探索救国救民的真理，在不同的领域改变中国社会面貌，影响、推动中国近

---

[1] 国家统计局官网：https://data.stats.gov.cn/easyquery.htm?cn=C01，2022年4月8日。

代化进程。从洋务运动、维新变法到新政立宪，从辛亥革命、新文化运动到"五四运动"，留学生始终站在时代的最前列。无论成败，在一次次的尝试中，历代留学生启民智、开风化、倡自强，逐步缩小与西方发达国家的差距。他们是各自时代富有激情与开拓精神的群体，他们中涌现出大量科学家、教育家、艺术家、军事家、外交家、政治家和商业精英。他们既是近代社会变革的产物，又是社会变革的推动者。在中国近代史进程中，每一个重要关头，留学生都发挥了重要作用；每一个影响国家民族命运的决策，都能看到留学生的身影。

在同列强的斡旋中，争回部分"庚子赔款"的梁诚是清末第四批留美学生，在他的谋旋下，美、英、日、法、荷、比等先后退还部分"庚子赔款"，用来广设学堂遣派游学，而后才有了留美预备学校——清华学堂及"庚款"留学生。民国时期，留学生在政界地位大幅度提升，他们积极争取民族独立、收回部分主权：顾维钧拒签《巴黎和约》，颜惠庆停止对俄支付"庚子赔款"、废除德国在华一切特权，施肇基、顾维钧、王宠惠在华盛顿会议上妥善解决山东问题、否认日本在华"特殊权益"。

在新旧思想的较量中，留学生群体充当先锋。陈独秀创办《新青年》，宣传民主（"德先生"）、科学（"赛先生"），开启新文化运动，胡适倡导白话文运动……

西方社会科学在中国的传播也是以留学生为媒介，例如，胡适宣扬杜威的实验主义，张君劢、张东荪宣传德国柏格森学说，陈大齐、冯友兰、金岳霖等宣传新实在论。马克思主义在中国的早期传播也是通过留日学生李大钊、陈独秀、李达、李汉俊、施存统、陈望道等人。

自然科学领域，留学生担当了从启蒙、传播到建立学科门类体系的重任。他们中有中国气象科学奠基人竺可桢，地质学奠基人章鸿钊、丁文江、翁文灏，近现代数学奠基人冯祖荀、郑之蕃、胡明复、姜立夫，物理学奠基人李书华、叶企孙、吴有训、严济慈、周培源，化学奠基人庄长恭、王箴、陈裕光、曾昭抡、吴承洛等人，生物学奠基人秉志、胡先骕、钱崇澍等人。

新中国成立后，留学生投身社会主义建设。在西方世界封锁中国的环境下，钱学森、郭永怀、王大珩、邓稼先、赵九章、钱三强、孙家栋、任新民、朱光亚、程开甲等研制"两弹一星"，打破超级大国核垄断，为中国争取到在国际事务中的重要地位，同时为日后我国航天事业的发展奠定基础。

改革开放后，留学和"海归"出现了井喷式的增加，为中国抓住机遇，开展改革开放，大力发展经济，融入全球化进程提供了多方位的支持。

从1872年30名幼童抵达美国旧金山，到2019年超过70万中国留学人员分赴世界各主要留学国家；从1881年第一批21名留美幼童被提前召回，到2019年超过58万留学人员学成归来，这之中的"去"与"回"已不可同日而论。留学人员的影响力已从个体走向群体，他们对中国社会发展的影响、在其中的地位与作用正日益显现。

第三节　百年留学：嬗变与开新[1]

纵观一个半世纪以来中国人的留学之路，可以认为中国的留学史是一部中国人艰苦卓绝的奋斗史。这种奋斗是一种由内而外的情感表达，它推动了一种不断再创造的历程，改变了国家、民族和个人的命运。留学史贯穿并体现了中国人对国家与个人、社会与大众、器物与制度、政府与市场、中国与全球等多层面关系的理解、思考与重新定位，如表1—6所示。

---

[1] 王辉耀，张学军编：《21世纪中国留学人员状况蓝皮书》，华文出版社2017年版，第16—23页。

表 1—6　　　　　一个半世纪以来主要历史阶段中国留学的特点演变

	特点	晚清和民国时期（1872—1949年）	改革开放之前（1949—1978年）	改革开放之后（1978—1999年）	21世纪以来（2000年至今）
1	奋斗始终是留学的主线	救亡图存的奋斗	报效祖国的奋斗	发展求变的奋斗	自我梦想实现的奋斗
2	"国家"与"个人"的关系	爱国情怀	爱国情怀	爱国与个人发展	爱国与个人发展
3	从"精英"到"大众"	社会底层／士绅家庭／社会中上层	工人阶层	新富阶层	中产阶层／工薪阶层
4	从"模仿"到"再创造"	简单模仿	本土化再创造	本土化再创造	创业创新
5	从"器物"、"制度"到"生活方式"	器物／制度	社会主义建设经验	器物／文化	生活方式
6	从"单向"到"双向"	单向留学	单向留学	单向留学	双向留学
7	从"政府作为"到"产业化"	政府作为	政府作为	政府作为／市场化	产业化

资料来源：根据公开资料整理而得。

一　奋斗始终是留学主线

自容闳起，一百多年的中国留学史上，无数中国人选择了离开熟悉的故土，怀揣梦想奔赴异国他乡，书写了一部不折不扣的奋斗史。这种奋斗既与个人的理想和追求相关，又同国家、民族的发展及命运紧密相连。在不同的历史阶段，留学生们的奋斗历程往往会受到时代发展的深刻影响，展现出不同的特征。

从晚清到中华民国将近一百年的时间里，留学生们展现出的是一种救亡图存式的奋斗，这一时期的奋斗完全是发自肺腑的实现国家和民族的自立自强，所谓"保国保种"，个人利益被抛到脑后。奋斗的方式是通过留学学习西方的先进技术和制度，从而缩小中国与西方的差距，思考并探索中国未来的出路。

从新中国成立到改革开放之前的近三十年时间里，留学生的奋斗主要是一种报效祖国式的奋斗，这一时期留学生的奋斗往往带有强烈的使命感，是为了建设新中国，为了中国的社会主义事业而奋斗。

改革开放后直到20世纪末，这个时期的留学生展现出的是一种求发展的奋斗。"文化大革命"使得中国的现代化进程长期处于停滞，甚至倒退的状态。改革开放伊始，经历层层选拔走出国门的留学生们最迫切的愿望就是向西方发达资本主义国家"取经"，使中国重新跟上世界发展的步伐。随着20世纪80年代中期自费留学的发展，自费出国的留学生多数是被国外发达的物质条件和优质的教育资源所吸引，将留学视为改变自己命运的重要途径。他们把单纯求新知的传统观念与求发展结合起来，不仅把留学当成知识储备途径，更将其作为寻求新的个人发展机会的重要方式之一，留学主要是为了提高自己的生存能力，优化自己的生存条件和生活方式。

21世纪以来，留学生的奋斗目标更加个人化，是一种"自我梦想实现"的奋斗。这一阶段的留学生们自我意识和自我认同更加强烈，他们选择留学不仅是为了学习先进的科学技术和理论知识，而且也将留学视作丰富自己人生阅历、获得更多发展途径的手段。无论是留学国家还是专业方向上的选择，留学生更倾向于从自身的兴趣和未来规划的角度出发，留学更加符合自身的实际需求。可以说，随着物质财富的不断积累和国际化带来的各种机遇，如今的中国人面对的留学机会也愈加丰富，出国留学同其他学习方式一样，都是一种实现自身梦想的途径。

二 国家与个人的关系变迁

中国百余年来的留学史从一定程度上反映出"国家"和"个人"二者之间

关系的变迁。在不同时期，国家的综合发展状况会深刻影响到留学生的选择及前途，而每一代归国的留学生又往往会成为推动当时社会变革的重要力量，社会的变革又会进一步影响到下一代的留学生。这样，"国家""社会""留学生"三者之间就形成了一种循环往复、相互影响的作用链。

近代中国早期，中国国际地位较低，中外的巨大反差激发了留学生强烈的爱国情怀与报国热情，他们多从强国救国的目的出发，学成后多选择回归报效祖国，比如20世纪五六十年代派出的近两万名留学人员几乎全部回国。而在改革开放年代，随着留学政策的逐步放宽，尤其是进入21世纪后，随着国民收入和生活水平的不断提高，自费留学的规模迅速扩大。对于"80后"和"90后"留学生而言，留学的目的从单一的学习先进技术和知识，扩展到追求个人发展、开阔眼界和崇尚个性自由等更加个人化、多元化的目标。当代留学生的爱国情怀多以间接的方式展现出来，并主要体现在留学带来的影响上。一方面，留学生回国后，将国外的先进技术和理念带回国内并实践于各行各业，促进了中国在科技上的进步和在社会的多元发展；另一方面，对于因为种种原因留在国外的学生，他们往往能够成为熟悉东西方文化的国际性人才，有利于加强我国与海外的经济联系与文化交流，特别是在目前国家大力推动"一带一路"的背景下，我国对外输出的国际化人才对扩大国际合作有着重要作用。国家和个人的关系不断演进并形成相生相长的态势。在长达一个半世纪的留学史中，每个阶段的留学生都为国家的发展和进步产生着积极作用，同时，国家的发展也给予个人更大的成长空间。

三 从"精英"到"大众"

对于留学生本人而言，留学是一个比较重大的决定。留学并不仅仅与个人有关，也与家庭背景和社会发展阶段有着密切联系。在中国一百多年来的留学发展历程中，留学群体不断发生着变化，总体而言，留学群体正朝着由精英向大众的方向进行转变。这种转变是一种更加正向和积极的变化，它不仅使留学影响到更多的人，而且使留学的价值也变得更加多样化。具体来说，留学群体经历了七个阶段的变化。

第一阶段：社会底层家庭为主体（1872—1894年）。留学初期，清朝的贵族和官僚家庭不愿将自己的子女送到遥远的"蛮夷之地"，但是又不得不选派人员学习先进技术来维持清朝政府的统治，于是就选择了便于管理的社会底层家庭的幼童，让他们开始"生死未卜"的留学生涯。因此，1872年到1894年间，清朝政府向欧美各国派出的留学生主要是幼童，而且基本都是来自广东、福建和浙江等地。

第二阶段：士绅家庭为主体（1895—1910年）。甲午战争后，深受打击的国人掀起了留日高潮，1895年之后留学日本的人数从几千人增长到几万人，大部分人都是自发赴日学习。当时的留日热潮中，大多数中国学生主要来自于士绅阶层。

第三阶段：社会中上层为主体（1910—1949年）。1910年之后，清朝利用美国的"庚子赔款"培养了一批留美学生，这批人虽出身各异，但多数来自当时新建的清华学堂，在出国前已受过严格教育，到美国后又纷纷进入顶级高校接受系统的专业训练，多数人在回国之后便成了民国时期各行业的大家和社会精英。民国之后，政府采取了更加严格的选拔制度，公派的留学人员往往都来自于社会的中上层，具有较好的经济条件和一定的社会地位，民国时期的留学生对中国社会的发展影响巨大，对于那时的人们来说，留学是"精英"的代名词。

第四阶段：革命者为主体（1921—1933年）。20世纪20年代的留学教育在整个民国时期的留学史中有着特殊意义。1918年后的勤工俭学留法热潮使得一批知识分子开始投身马克思主义的学习与研究之中，而1921年中国共产党成立，使得更多的先进知识分子加入探索救国出路的行列。1923年到1924年间，在共产国际和苏联政府的协助下，中共先后派遣了三批学员赴莫斯科东方大学学习。国共第一次合作后，迅速发展的革命形势需要大批的革命人才，于是，国共双方又分别选拔了部分革命青年前往苏联留学，这一过程一直持续到1933年左右。由于这一时期的留学带有强烈的政党和政治色彩，留学目的也以培养革命干部为主，因此当时的留学主体多是有理想、有抱负的青年革命者，特别是在中共派出的留学生当中，很多人日后都成为中国现代革命运动的杰出领导人物。

第五阶段：向工人和农民阶层靠拢（1949—1978年）。新中国成立后，在当时的政治环境下，留学以公派留苏为主，在严格的政治条件要求下，以往由社会上层垄断的留学教育被打破，留学人员的家庭背景向着以工人和农民为主的无产阶级靠拢。据相关数据记载，为执行各项苏、欧援建计划，在"一五"期间，我国由工业部门独立送出包括工程技术人员、工人和管理人员在内共有7800人。他们前往苏联、东欧的工厂和矿山工业地区对口学习工艺技术或管理。国家在留学人员的考核和选拔上有着极为严格的条件，留学名额也十分有限，直到20世纪80年代初，公派留学生仍是社会的"凤毛麟角"。

第六阶段：新富阶层为主体（1978—2000年）。改革开放后至20世纪末，虽然留学生的身份从"精英化"向"大众化"过渡，但在80年代到90年代，能够承担自费出国的群体仍然是改革开放初期的新富阶层。

第七阶段：中产阶层和工薪阶层为主体（2000年至今）。20世纪90年代末至今，随着中国经济发展和社会财富不断增加，出国留学变得不再遥不可及，留学生的阶层分布更加多元，总体向大众化转变。

从严格的意义上说，在当前阶段，留学的大众化并不代表留学已经普及到每一个家庭，该比例还没有达到较高程度，更准确的表达应该是留学权利的大众化，即社会的各个阶层都有出国留学的权利。目前在留学依旧有一定经济门槛的条件下，虽然留学群体还是向中产阶层及处于优势的工薪阶层倾斜，但随着家庭财富的增加，留学的主体将逐渐转变为普通公众。

四　从单一到多元

在过去的一个半世纪里，中国留学生对留学的主要追求也发生着变化，总体上经历了从单纯追求先进技术和制度，再到追求技术、制度、文化、生活品质多元融合的过程。

清末民国时期，留学主要是学习发达国家的器物和制度。当时留学生认为科学可以直接影响生产力提升，实现国力强盛、国民富足，"仓廪实而知礼节"，进而提升人们的道德水平，实现"救国"的目的。两次鸦片战争时期，清政府内部的改革派本着"师夷长技以制夷"的爱国思想，学习西方科学技术，引导中国开眼看世界。洋务运动时期，留学生更是积极学习西学，并付诸实践，创办新式学堂和近代军事、民用工业。戊戌变法和辛亥革命时期，维新派和革命派主要学习西方的政治制度。新文化运动和"五四运动"时期，留学生以民主和科学作为旗帜，学习西方民主思想。国民政府教育部在其组织法中更是做出规定："以后选派国外留学生，应注重自然科学及应用科学等，以应国内建设的需要。"

从新中国成立到改革开放前，留学主要是学习社会主义建设的科学技术。新中国成立后百废待兴，这一时期派遣留学生计划与国家工业建设计划密切结合，大批留学生被派遣到苏联及东欧社会主义国家学习工业技术。

改革开放以来，全国的工作转向以经济建设为中心，中国历史上第一次把改革开放列为国策。为学习和吸收国外的先进科技、经营管理经验及其他有益的文化，向世界开放，加速培养人才成为第一要务，一个中国留学的全新时代从此开启。

21世纪以来，随着中国经济的快速发展和国际化程度的不断加深，中国留学生所追求的不再局限于技术或物质，而是呈现出多元化的发展态势。当然，西方发达国家的先进技术和丰富的发展经验，依旧是吸引留学生的主要动力。在中国加入WTO之后，市场经济的快速发展催生了大量对商业管理人才和金融服务人才的需求，这也使得管理学和商科很快成为中国留学生的热门专业。收入的增加、国民生活水平的提高也使得留学生在精神层面有着更多的追求。他们对于东西方社会制度、生活方式和文化具有直接接触，并产生了独特的感受和体会。在这一过程中，留学生们对东西方价值观念进行比较、融合与吸收，推动了自身的视野更趋国际化，心胸更开阔，适应能力更强，也更具包容性。

五 从"单向"到"双向"

从国际人才交流的向度来看，留学大致可以分为单向流动和双向流动。中国的留学活动在长达一个多世纪里都是一种单向流动，直到最近二十多年，才成为一种双向流动。中国留学向度的变化，也体现了中国在国际社会地位和形象的上升。

从清末到20世纪末，留学主要是一种单向流动。这一时期，中国主要是单方面的向外输出留学生，输出的方向主要是欧美、日本等发达国家。这种现象的出现与当时中国的国际地位是密切关联的。1841年鸦片战争后，中国完全陷入半殖民地半封建社会的深渊，处于任人宰割的弱国地位。民国时期的中国长期处于军阀割据状态，国家动荡不安，国际地位根本无从谈起。在世界反法西斯战争中，中国通过艰苦卓绝的抗日战争为反法西斯力量的最后胜利做出了重要的贡献，国际地位随之有所提高，但中国的弱国地位并没有得到根本改变。"文化大革命"期间，留学教育出现了停滞。改革开放后，中国鼓励中国学生海外留学的同时，也积极吸引国际学生来华留学，但其人数非常少。可以说，从中国留学历史的开端到20世纪末，在长达100多年的时间里，留学始终处于"单向"流动状态。

21世纪以来，留学开始成为一种双向流动。自从1950年我国接收第一批来自东欧国家的33名留学生开始，陆续有社会主义国家的学生来中国留学。这一阶段，中国的留学就带有一定的双向留学的迹象，只是由于来华的留学生数量较少，因此双向留学并不明显。这一时期之所以出现双向留学的迹象，与中国在社会主义国家的地位有关。1971年，中国恢复了在联合国的合法席位。中国在社会主义国家的地位开始变得举足轻重，与社会主义国家之间的双向留学就自然地发生了。中国留学双向流动的高潮出现在21世纪以后，据统计，2000年来华留学，国际学生总人数为5.22万人，至2018年时，已达49.22万人。中国也成为亚洲最大留学目的国。[1]

六 "政府作为"到"市场行为"之路

作为一种大规模的国际人才交流，留学始终是与政府作为联系在一起的。政府发起、组织、管理和获益，这是初期留学的基本模式。随着国际合作、市场经济发展到一定程度之后，留学逐渐减弱了与政府的关联，更多地表现为一种市场行为。中国一个半世纪的留学史完整地阐述了这种变化。

清末民国至改革开放之前，留学主要是政府主导的公费留学。中国的留学始于清政府真正认识到自己的落后，这种认识的转变对于中国来说是至关重要

---

[1] 赵晓霞：《中国成为亚洲最大留学目的国》，《人民日报》（海外版）2020年12月23日第1版。

的。只是当时只有部分开明的官僚认识到这一点，普通老百姓并不如此认为，而且将国外的一切视为洪水猛兽。这就注定了当时中国的留学事业是以政府为主导。这期间虽有个别时期，比如甲午战争以后，出现了个人留学的现象，但留学的主体依然是政府主导的公费留学。公费留学除了便于管理之外，国家获利较大也是各个时期中央政府主导留学的主要原因。国家的这种收益更多反映在国家基础建设、科技及经济发展等"刚性需求"上，例如，清末，清政府通过公费留学开始了中国现代化发展之路；民国时期的国家科技体系、政治体系的建立无不依赖留学归国人员；新中国成立后，中国政府同样是通过公费留学解决了社会主义现代化建设的人才储备。

改革开放以来，全球的经济主体及社会结构均发生了巨大变化，以留学经济为代表的国际教育服务贸易进入快速发展时期。发展海外留学生教育，除了能带来直接的经济效益外，还能为留学生接收国带来政治、外交、科技、经贸等多方面的利益。正是由此，当今世界主要发达国家，如美国、英国、法国、德国等，都不约而同地提出发展留学产业。

20世纪80年代，随着留学服务机构的萌生，中国的留学产业化发展开始起步，但其进程并非一帆风顺，留学服务市场长期处于混乱无序状态。2000年前后，教育部开始规范留学服务市场，留学产业慢慢步入正轨。国内的留学中介机构逐步成熟，由最早的中介机构全权办理，到出现了以咨询为主，鼓励学生"DIY"的留学咨询服务机构，再到目前"DIY"留学渐渐占据了大部分自费留学的市场。近些年，随着互联网的不断发展，"互联网+"开始走进留学行业。互联网留学服务机构的服务内容与传统中介并没有实质上的区别，最大的区别在于成本更低、收费更便宜，足不出户就可以完成申请过程，可以满足很多年轻人的需求。从发展趋势来看，未来很长一段时间，互联网留学平台与传统留学中介将处于一种共存状态。

回溯百年留学史，从"器物"到"制度"到"文化"，一代代中国留学生前赴后继，他们或开启蒙，或倡自强，或言维新，或主革命，企望师夷长技以制夷、变法革新以强国、文明开化以健民。他们胸怀民主救亡、科学救国、教育救国、实业救国的理想，既开风气亦为前驱，虽步履维艰而争先弘毅。他们中既出现了伟大的政治家、杰出的军事家、卓越的科学家，也出现了学贯中西的大师、优秀的外交家和爱国的商界巨子。他们从思想、政治、科技、实业、教育、文化等各个层面革故鼎新，深刻影响和推动了中国的近现代化发展进程。

第二章　留学新纪元

　　回首百年，中国的留学活动伴随着近代化进程的坎坷潮起潮落的进行。幼童远赴重洋，学习西方的船坚炮利，士绅东渡扶桑，寻求救亡图存的真理。留日的革命派用辛亥革命推翻了两百多年清朝政府的统治和两千多年封建帝制。留法、留苏的学生带回了马克思主义。"庚款"生奔赴欧美，为自然科学在中国的建立、发展奠定基础。中华人民共和国成立后的留苏学生承担起发展工业、建设社会主义的重任。乘着改革开放的春风，留学生推动东西方文明交融，促进中国经济融入世界体系。进入21世纪，留学活动一路高歌，使我国成为世界第一大留学生生源国。

第一节　全球最大的留学生生源国

改革开放以来，中国出国留学生数量出现了迅速增长。教育部数据显示，1978 年至 2019 年，40 余年间我国各类出国留学人员累计达到 656.06 万人。尤其进入 21 世纪以来，留学生总量呈现强劲增长趋势，2000 年至 2019 年，年度留学人数从 2000 年的 3.9 万增长到 2019 年的 70.35 万，年均增长超过 20 个百分点[1]，其中，2001 年增长速度最快，增长率超过 115 个百分点，如表 2—1 所示。

表 2—1　　　　　　　2000—2019 年中国留学情况

年份	年度留学总人数（万人）	年度公派留学人数（万人）	年度自费留学人数（万人）	年度自费留学比例（%）	年度留学总数增长率（%）
2000	3.9	0.7	3.2	82.05	64.56
2001	8.4	0.8	7.6	90.48	115.38
2002	12.5	0.8	11.7	93.6	48.81
2003	11.73	0.81	10.92	93.09	-6.16
2004	11.47	1.04	10.43	90.93	-2.22
2005	11.85	1.2	10.65	89.87	3.31
2006	13.4	1.33	12.07	90.07	13.08
2007	14.4	1.5	12.9	89.58	7.46
2008	17.98	1.82	16.16	89.88	24.86
2009	22.93	1.92	21.01	91.63	27.53

---

[1] 受留学目的国经济状况、移民政策以及教育政策等影响。21 世纪以来各年度留学增长率出现过一定的波动，例如，受"9·11"事件影响，美国政府收紧移民政策，使得中国留学生增长率一度放缓。2008 年，世界金融危机使欧美发达国家严重受挫，中国经济稳步发展，人民币不断走强，出国留学成本大幅下降，2008 年的留学平均成本比 2007 年降低近 10 万元。之后，由于欧美国家就业形势严峻，留学经济回报不如从前，出国势头再次放缓，2013 年的增长率仅为 3.58%。值得注意的是，2016 年是全球化发展走向十字路口的一年，全球留学发展受工作和移民政策调整的影响呈现整体增速放缓的趋势。

续表

年份	年度留学总人数（万人）	年度公派留学人数（万人）	年度自费留学人数（万人）	年度自费留学比例（%）	年度留学总数增长率（%）
2010	28.47	2.47	26	91.32	24.16
2011	33.97	2.49	31.48	92.67	19.32
2012	39.96	2.51	37.45	93.72	17.63
2013	41.39	2.96	38.43	92.85	3.58
2014	45.98	3.68	42.3	92	11.09
2015	52.37	4.19	48.18	92	13.9
2016	54.45	4.63	49.82	91.5	3.97
2017	60.84	6.8	54.13	88.97	11.74
2018	66.21	6.58	59.63	90.06	8.83
2019	70.35	——	——	——	6.25

资料来源：根据教育部公布的历年留学人员情况统计整理而得。

我国已经连续多年成为世界第一大留学生生源国，在未来相当长的时间内，这一地位还将继续保持下去。[1]随着中国民众生活水平普遍提升，出国留学成为越来越多普通家庭的教育选择。21世纪以来，自费出国留学的人数占出国留学人数平均比例高达91.17%，留学越来越贴近普通家庭。根据新东方发布的2020版《中国留学白皮书》，对全国34个省级行政区和部分海外国家和地区的留学生及家长的问卷调查显示，关于意向留学人群父母的职位背景，"一般员工"家庭的占比一直处于稳定增长状态，由2015年的29%上升至2020年的44%，远超"单位负责人/高管"家庭在2020年所占的20%。中国父母对子女教育的重视、国内就业竞争压力大等因素让更多的家庭产生了留学的意向。在国际教育资源进一步开放、就业及移民政策等多种因素的共同作用下，更多中国普通家庭的孩子将具备出国留学的机会。[2]

---

[1] 王辉耀，苗绿编著：《中国留学发展报告（2015）》，社会科学文献出版社2015年版，第16页。
[2] 王辉耀，苗绿主编：《中国留学发展报告（2020—2021）》，社会科学文献出版社2020年版，第21页。

最近几年，新冠肺炎疫情在全球蔓延，给我国有意出国留学的人员带来了一定的消极影响。不过从长远来看，由于我国高等教育的整体水平和国内院校录取情况尚无法满足学生深造的需求，而全球化发展背景下，出国学习和生活经历对青年学生仍具有一定的竞争力和吸引力。因此，我国公民对于国际化优质高等教育的需求并未发生根本性改变，出国留学仍是许多青年人的选择，全球新冠肺炎疫情蔓延只是延迟了他们出国的时间。2020年5月，全球高等教育分析机构QS (Quacquarelli Symonds)发布的《新冠疫情如何影响全球留学生》报告显示，96%的受访中国留学生表示，不会因为新冠肺炎疫情中断自己的留学计划。2020年6月，教育部等八部门出台了《关于加快和扩大新时代教育对外开放的意见》（简称《意见》）。《意见》重申，出国留学仍将是我国培养现代化人才的重要渠道，要克服疫情影响，拓展出国留学空间。[1]可见，无论从宏观层面的政策支持，还是微观层面的实际留学需求，我国作为世界第一大留学生源国的地位还将在未来一段时间内继续保持。

第二节　留学潮的影响因素

在《海归时代》一书中，我们曾经将影响出国留学的因素总结为，文化势差、经济全球化和留学教育产业化运作[2]。今天看来，这三大因素仍是影响出国留学的关键。

鉴于中国在科技和教育上与发达国家之间形成的差距较短时间内不会消弭，文化势差仍将长期成为吸引中国学生赴海外深造的重要原因。随着互联网

---

[1]　王辉耀，苗绿主编：《中国留学发展报告（2020—2021）》，社会科学文献出版社2020年版，第18页。
[2]　王辉耀：《海归时代》，中央编译出版社2005年版，第38页。

时代的到来，大量信息通过网络迅速传播，与此同时，中国参与全球化进程的日益深入也让更多人拥有国外学习、工作及生活经历。拥有留学背景的学生回国后，将国外的风土人情、历史文化传入国内并影响着人们的思维模式和价值观。大量接触海外信息使人们对异域文化产生浓厚的兴趣，进而萌发"世界那么大，我想去看看"的想法。在经济条件允许的情况下，出国留学成为一种体验生活、开阔视野、丰富人生阅历的选择。"学习先进的知识和技能"、"增加见识，丰富个人阅历，体验他国文化与生活"成为21世纪出国留学的重要动因。

经济的全球化促进了教育国际化。有研究表明，经济全球化基本上与国际留学潮是同步的，同步点大致在20世纪中叶。当国际贸易总额只占国内生产总值的2%左右时，当时全世界的留学生只有10万人。到20世纪末，世界贸易总额跃升到国内生产总值的24.3%，全球留学生总人数则攀升到150余万。[1]根据商务部资料统计，2018年中国国际贸易总额约占本国国内生产总值的34%，中国当年留学人数攀升至66万余人。随着中国融入经济全球化程度的加深，留学人数预计也将持续增长。

一些国家的留学教育全资本产业化运作也催化了中国公民出国留学的热情。美国是最早把国际留学生教育看作重要知识产业的国家。根据美国国际教育协会《2020年门户开放报告》，2018—2019学年，109.4万名国际学生为美国经济贡献了410亿美元，支持了45.83万个就业岗位，每7名国际学生入学就会为美国创造或支持三个就业岗位，其中，中国在美留学人员占在美国高校国际学生总数的33.7%。英国等国的产业化教育发展理念促成了其高等院校在全球范围内扩大招生。海外留学生为教育产业培育了巨大的市场，不仅增加学校收入，

---

[1] 石丹：《中国留学将持续走高》，https://www.edu.cn/edu/gao_deng/gao_jiao_news/200603/t20060323_21927.shtml，2001年12月27日。

减少政府财政对教育的投入，还带动了当地餐饮、交通、零售、旅游等行业的发展，为当地人创造出更多的工作机会。据分析，在英国学习的国际学生已给英国带来了140亿英镑的经济效益，同时还提供了30%的高等教育产业资金。[1]鉴于此，英国政府积极接收海外留学生，根据英国内政部公布的信息，2010年颁发给中国学生的签证数量是44724个，到2018年签证数量已是99724个，7年时间增长了122.98%。[2]

进入21世纪，留学现象又有了很多新的动因。随着全球经济形势低迷，毕业生面临严峻的就业压力，留学活动也因此被赋予了增强自身职业竞争力的期望，留学生希望通过留学获得在劳动力市场上的更大优势。根据麦可思调查统计显示，无论是去北美洲、欧洲、亚洲，还是大洋洲，留学生们都将"增强职业综合竞争力""学习先进的知识和技能"作为留学的重要理由，知识技能导向明显，"留学移民"倾向显著弱化，如表2—2所示。

表2—2 赴北美洲、欧洲、大洋洲和亚洲留学的本科毕业生的首要留学理由分布 单位：%

理由	亚洲	大洋洲	欧洲	北美洲
增强职业综合竞争力	**34.1**	**34.1**	**33.6**	27.7
学习先进的知识和技能	23.2	20.1	22.0	**30.7**
接受先进的教育方式	20.6	20.4	18.9	22.8
增加见识，了解他国文化	16.0	17.0	**22.0**	12.2
去国外就业和长期居住	4.5	**7.8**	2.1	5.9
其他	1.6	0.6	1.4	0.7

注：本表数据根据2016—2019年间历届毕业生调查样本综合分析得出。

数据来源：根据麦可思2016—2019年间历届《中国大学毕业生社会需求与培养质量调查》整理而得。

---

[1] "International Students in the UK", ExEdUK, http://www.exeduk.com/resources/international-students-in-the-uk.

[2] "Why do people come to the UK? (3) To study", the UK government, February 28, 2019, https://www.gov.uk/government/publications/immigration-statistics-year-ending-december-2018/why-do-people-come-to-the-uk-3-to-study#data-tables.

第三节　留学新动向

CCG 多年来对留学领域进行持续追踪研究，连续多年出版《中国留学发展报告》蓝皮书，结合近年来的研究，我们认为，中国留学出现了五大新动向，即留学人员层次更为丰富、专业选择趋向多元、留学目的国多元化、"在地留学"或迎发展机遇、国际游学日趋成熟。

一　留学人员层次丰富

近年来，我国初中、高中、本科、研究生等学历层次的出国留学人数均有不同幅度的增加。以中国赴美留学学生群体为例，观察近七年的数据可以发现，本科、研究生和 OPT 学习层次的学生人数均逐年增加[1]，其中，2014—2015 学年，中国在美留学的本科留学生总数高达 124656 人，首次超过研究生人数，如表 2—3 所示。

表 2—3　　　　　近年来中国学生在美留学情况

学习层次	指标	2012-2013 学年	2013-2014 学年	2014-2015 学年	2015-2016 学年	2016-2017 学年	2017-2018 学年	2018-2019 学年
本科	人数（人）	93789	110550	124656	135629	142851	148593	148880
	比例（%）	39.8	40.3	41	41.3	40.7	40.9	40.3

---

[1] Optional Practical Training，选择性实践培训，是美国政府颁发给国际学生（F-1 签证持有者）的临时工作项目，与国际学生的主要学习领域直接相关。符合条件的国际学生可以获得长达 12 个月的 OPT 就业许可（2016 年 5 月 10 日起，STEM 专业，包括科学、技术、工程及数学专业类国际学生除 12 个月的 OPT 就业许可外，还能申请 24 个月的 OPT 延长期），包括完成学业前（pre-completion）和 / 完成学业后（post-completion），两个阶段时间累加。

续表

学习层次	指标	2012-2013学年	2013-2014学年	2014-2015学年	2015-2016学年	2016-2017学年	2017-2018学年	2018-2019学年
研究生	人数（人）	103505	115727	120400	123250	128320	130843	133396
	比例（%）	43.9	42.1	39.6	37.5	36.6	36	36.1
非学历教育	人数（人）	14335	14761	16114	17475	19749	18225	17235
	比例（%）	6.1	5.4	5.3	5.3	5.6	5	4.7
OPT	人数（人）	23968	33401	43174	52193	59835	65680	70037
	比例（%）	10.2	12.2	14.2	15.9	17.1	18.1	19.0

资料来源：根据美国国际教育协会（IIE）整理而得。

随着中国出国留学人员的队伍不断壮大，留学生的年龄结构也发生了变化。出国读大学、高中，甚至初中和小学的人数比重逐步上升，"留学要趁早""留学趁年少"现象日益显著。留学低龄化是经济、教育环境等多方面因素共同促成的。改革开放以后，中国经济发展迅速，家庭收入稳步增加，有经济能力支付低龄子女赴海外求学费用的家庭越来越多。面对激烈的国内高考竞争，国外学习环境相对宽松，很多高中是世界名校的"摇篮"，比如有"小常青藤"之称的美国东北部的"十所高中"每年为美国著名高等学府输送大量生源。有海外高中经历的学生相对容易被知名大学的关注，这极大提升了高中生出国留学的热情。很多家长认为，低龄孩子的语言学习能力更强，更容易融入当地生活。趁早让孩子接触西方的学习、思考方式，能加深孩子对国外文化的认识，成为有国际视野的人才。一些主要留学输入国在教育和签证政策上做出调整，推动留学手续便利化，一些海外的院校开设低龄化的课程，也为更多学生顺利出国就读高中甚至初中创造了条件。不过，根据CCG最新研究结果显示，受到中美关系紧张、全球新冠肺炎疫情以及民粹主义兴起等因素影响，中国家长们对美国及部分西方发达国家的固有看法有所变化，特别是在低龄留学领域，更多家长将重新权衡送子女赴美留学的选择，低龄留学将可能受到影响。[1]

二 专业选择趋向多元

根据CCG调研显示，商科、社会科学与理工科是中国学生偏好的三大留学热门学科，其中商科始终排在各大热门学科之首，有超过四成的留学生选择商科相关专业。[2] 此外，近年来，不少留学生在专业选择上会从自身兴趣出发，综合社会需求和未来收入待遇两个方面选择留学专业，力求在"兴趣""就业""收入"三方面实现平衡，留学专业分布也更加多元化和分散化。这一趋势在法国、意大利等国家尤其明显，除商业管理和理工类专业外，近年来选择文化艺术、服装设计等专业的中国学生人数明显增加。

三 留学目的国多元化

进入21世纪，我国留学目的国分布更为广泛，除了英语国家及日韩等周边国家，德国、法国等凭借着留学费用低、学历认可度高也吸引了大量中国留学人员。CCG研究显示，在美国、澳大利亚、新西兰等国，中国留学生占其国际学生的比例超过30%，在日本，该比例超过40%。一些位于欧洲的国家，如法国、俄罗斯、荷兰、瑞士和瑞典，虽然中国留学生的比例未超过10%，但也是这些国家最主要的留学生来源国之一，如表2—4所示。

---

[1] 王辉耀、苗绿主编：《中国留学发展报告（2020—2021）》，社会科学文献出版社2020年版，第19页。
[2] 全球化智库，智联招聘：《2018中国海归就业创业调查报告》，http://www.ccg.org.cn/archives/35548，2022年4月7日。

表 2—4 中国在主要留学国家留学生人数及占该国国际生的比重（2019）

国家	中国作为生源国的排名	中国留学生人数（万人）	该国留学生总人数（万人）	占该国留学生比例（%）	较2018年的变化（%）
日本	1	8.64	20.89	41.38	-0.82
澳大利亚	1	15.38	42.05	36.58	0.25
美国	1	36.95	109.53	33.74	0.56
新西兰	1	2.00	6.12	32.70	1.92
加拿大	2	9.62	43.54	22.09	-15.81
英国	1	10.92	49.66	21.99	1.69
德国	1	3.69	28.20	13.09	-0.09
俄罗斯	2	3.00	33.45	8.95	0.29
法国	2	3.01	34.34	8.76	-0.01
芬兰	4	0.22	3.19	6.87	-0.27
瑞典	3	0.26	3.79	6.80	0.11

资料来源：根据美国国际教育协会（IIE），Project Atlas 2019[1] 整理而得。

英语国家仍是中国留学生的主要留学目的国。美国是最受中国留学生喜爱的留学目的国。美国高校的综合实力、创新能力等优势对中国学生有较强的吸引力。同时，澳大利亚、英国、加拿大等国家有着相近的教育体制、学制短且含金量高，也颇受国内本科毕业生的青睐。

值得注意的是，近15年来赴美留学人员虽然总数在增加，但增长率自2009-2010学年以来持续下降，增长率从2009-2010年的29.9%下跌至2019-2020学年的0.8%。而受新冠疫情及中美关系等影响，中国学生赴美留学人数增长率在2020-2021学年更是同比下降14.8%。目前，学术界对赴美留学趋势仍有争论，有观点认为国际学生的大幅减少是短期且可逆的，另有专家认为该变化可能代表新的全球高等教育国际化格局正在形成。[2]。

虽然美国、英国、加拿大、澳大利亚等几个传统留学国家享有教育质量、教学声誉等优势，但近几年受留学费用、移民政策等因素的影响，传统留学国

---

[1] "Project Atlas", IIE, https://www.iie.org/Research-and-Insights/Project-Atlas.
[2] 王辉耀，苗绿主编：《中国留学发展报告2022》，社会科学文献出版社2022年版，第35页。

家的优势地位受到新兴留学目的地的挑战。以德国为例，该国不仅有优质的教育资源，而且具有大多公立大学不收取学费并允许留学生在校期间打工的优势。在这些因素的影响下，德国、法国、荷兰等欧洲国家正得到越来越多中国留学生的青睐。《科学大都会》（Wissenschaft Weltoffen Kompakt）年度系列报告中的数据显示，自2013年起，中国一直是德国最大留学生来源国，在德留学的中国留学生人数从2013年的25564人增长至2019年的39871人，年均增幅达7.7%，[1] 如图2—1所示。

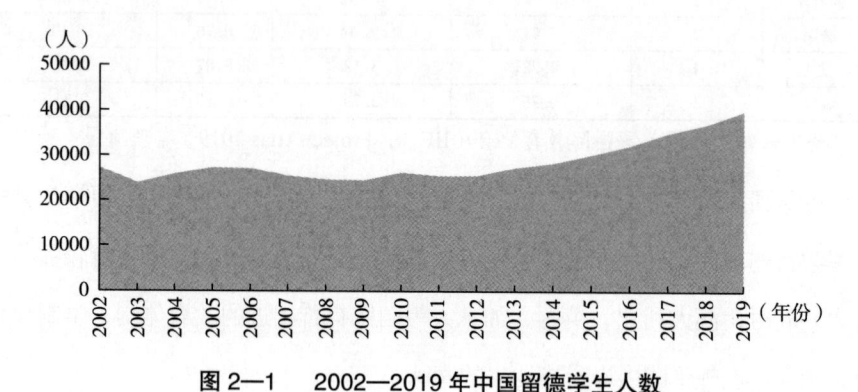

图2—1　2002—2019年中国留德学生人数

资料来源：根据 Wissenschaft weltoffen kompakt 2019, IIE Project Atlas 整理所得。

赴德留学人数稳步增长与德国开放的留学签证政策分不开。德国《专业人才移民法》（简称《移民法》）于2020年3月1日正式生效。该《移民法》亮点颇多，比如，降低了劳动市场的学历准入门槛，低于本科学历的技术人才未来也可以获得在德国工作的机会。值得注意的是，新《移民法》首次引入了"专业人才"概念，专业人才不仅包括受过大学教育的人，还包含受过正规职业技术培训的人。这意味着，中国职业技术类高等院校毕业的专业技术人才也有望成为德国未来的就业新人群。再比如，对于有德国（或同等效力下德国以

---

[1] 王辉耀、苗绿主编：《中国留学发展报告（2020—2021）》，社会科学文献出版社2020年版，第12页。

外 3 年及以上）大学本科或以上学历的非欧盟国家留学生来说，在德国就业和移民德国的限制进一步放开。由于优先审核制度的取消，非欧盟学生只需要找到与所学专业相关的工作，年薪达到德国政府的最低标准，便可以获得"欧盟蓝卡"（EU Blue Card）。[1] 此外，提供德语水平证明不再是发放"欧盟蓝卡"的必要条件（对德语有硬性要求的岗位除外）。[2] 2020 年生效的移民法为想要留在德国发展的非欧盟学生和专业技术人员带来了福音，为留学生学成后在德国工作和生活带来了便利。[3]

中国也是法国第二大留学生来源国，如图 2—2 所示 2007—2008 学年，法国接收的中国留学生 1.8 万人，到 2017—2018 学年，有 3 万名中国留学生赴法留学，占法国留学生总数的 8.8%。近年来，法国以一系列新的改革措施吸引国际学生。这些措施包括放宽签证政策、提高资助国际学生的财政预算，为国际学生在法读书和日后居留工作提供额外支持等。同时，法国课程设置日趋多样化，增加了英文授课项目及化妆、香水、厨艺、文书等职业培训类课程。中国学生赴法留学有了更多的选择，[4] 2020 年 1 月 13 日，法国高等教育、科研与创新部部长 Frédérique Vidal 和中国教育部部长陈宝生签署了关于中法两国学位和文凭互认的"行政协议"，中国学生仅需出示高中毕业文凭可即可在申请后就读于获批接收国际学生的综合性大学、高等工程学院、高等商学院和其他院校（如艺术、厨艺、专业技术）。中国学生赴法国留学的学业门槛降低，文凭互认也有助于中国学生归国就业。如图 2—2 所示。

---

[1] 欧盟蓝卡（EU Blue Card）是给予从德国大学毕业的第三国求职者的一种临时居住身份，有效期为 4 年（如果工作期不满 4 年，则临时居住身份有效期为雇佣合同期限加上三个月）。

[2] 《德国移民新法正式通过 2020 年初生效德国投资移民或受推崇》，搜狐网，https://www.sohu.com/a/327627102_100157852，2019 年 7 月 18 日。

[3] 王辉耀，苗绿主编：《中国留学发展报告（2020—2021）》，社会科学文献出版社 2020 年版，第 13 页。

[4] 王辉耀，苗绿主编：《中国留学发展报告（2017）》，社会科学文献出版社 2017 年版，第 248 页。

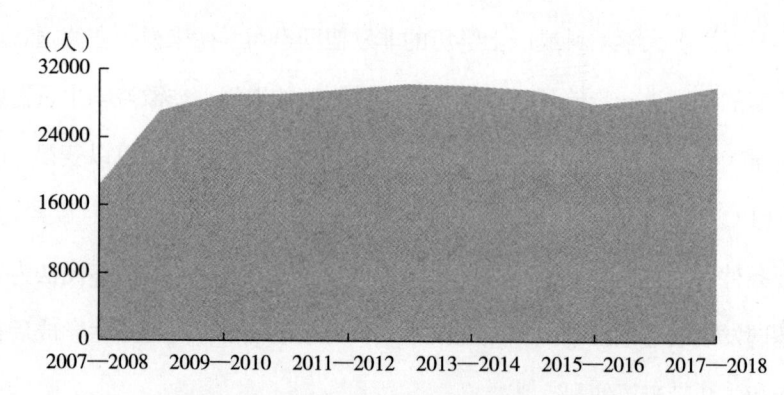

图 2—2　2007—2018 年中国留法学生人数

资料来源：根据国际教育协会，Project Atlas: International Students in France 资料整理而得。

日本、韩国、新加坡等亚洲发达国家也是中国留学生较常选择的目的国。这些国家属于泛儒家文化圈，与中国的地理和文化相近，中国留学生能够较快适应当地生活。在亚洲区域一体化发展的推动下，政府奖学金项目和双边教育交流机会越来越多，更多的中国学生开始考虑并选择"就近留学"。此外，亚洲国家的高等教育水平也不断提高，如新加坡已跻身世界前列，学位的含金量较高。

日本在 21 世纪初期开始实施一系列刺激经济政策，包括实施宽松的货币政策，促使日元持续走低，降低了赴日留学的成本。"日本再兴战略（2016）"设定了在 2020 年前将留学生在日就业率提高到 50% 的目标。以该目标为准，日本文部科学省设计出一系列把优秀国际学生留在本国的方案。例如，在地方政府和当地公司的支持下设立留学服务办公室、为针对留学生的日语课程提供资金和资助留学生实习所需费用、帮助留学生和当地中小企业建立联系、开设有关日本公司文化的课程、简化学生签证转工作签证的手续等。"日本再兴战略（2016）"中有利于国际学生就业的政策吸引了中国学生赴日留学。而日本本科和研究生项目申请相对宽松，日本高校成为中国学生海外深造的重要选择，如图 2—3 所示。

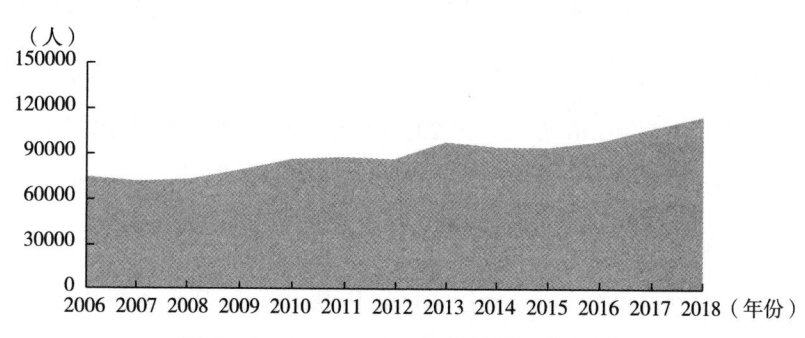

图 2—3　2006—2018 年中国留日学生人数

资料来源：根据日本学生支援机构，《2018 年在日留学生年度调查》整理而得。

韩国政府为了改善其教育资源供大于求的趋势及为韩国以出口为主的经济培养人才，制定了到 2023 年使赴韩留学生达到 20 万人的目标。为实现该目标，韩国政府强调：允许本国高等教育机构开设针对国际学生的专门学院和项目；扩展英语授课和 STEM 专业[1] 的项目；帮助有关留学生毕业后在韩国就业，例如简化"E-7"工作签证申请要求等；向韩国高校提供 188 亿韩元用于宣传和招生，包括给 100 名亚洲学生提供奖学金，邀请他们赴韩，并在首尔外的学校进行为期 6 周的学习等。2017 年文在寅上任后发布《吸引优秀外国人才方案》，为优秀的外国人才发放专属人才签证，如图 2—4 所示。

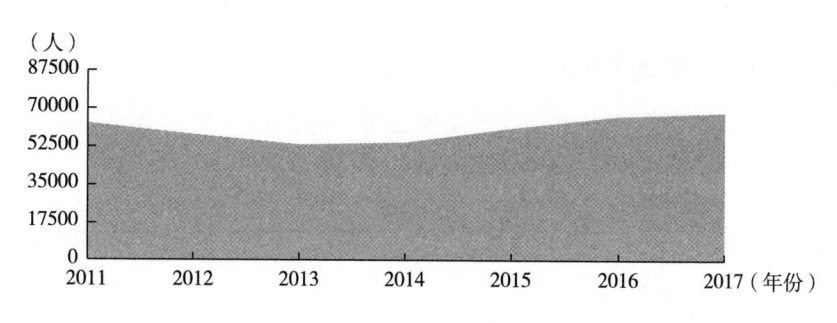

图 2—4　2011—2017 年中国留韩学生人数

资料来源：根据韩国出入境外国人政策本部资料整理而得。

---

[1] STEM 专业包括科学（Science）、技术（Technology）、工程（Engineering）和数学（Mathematics）。

随着"一带一路"倡议的不断推进，中国与沿线国家的高等教育交流与合作日趋频繁和深入。教育部数据显示，2017年赴"一带一路"沿线国家留学的中国留学生人数为6.61万人，比2016年上升了15.7%，增速比同年整体出国留学人员增长率高11.19%。其中国家公派仅有3679人，涉及37个"一带一路"沿线国家和地区。[1] 截至2019年2月，教育部已同24个"一带一路"沿线国家和地区签订了学历学位互认协议。[2] 伴随着"一带一路"倡议的推进，未来中国学生对留学目的国的选择将更加多元化，这有利于促进中国与"一带一路"沿线国家和地区的人文交流，促进民心相通及更广泛的交流与合作，是未来留学的重要趋势。

四 "在地留学"或迎发展机遇[3]

2020年，新冠肺炎疫情和国际形势的巨大变化对出国留学形成了短期阻碍，在这种情况下，在中外合作办学高校中学习的"在地留学"正在成为新的替代选择。新冠肺炎疫情期间，中外合作办学的实体机构以及具有良好合作关系的中外合作办学项目的中方院校，为本应在海外合作院校学习的中国学生提供了良好的线上和线下学习服务。例如，纽约大学的3000名中国留学生就能够在上海纽约大学进行学习。

近些年，国际合作办学在我国发展迅速。至2019年底，全国共有600多所高校举办中外合作办学和或者开展相关项目，项目数量达到2238个，覆盖了除宁夏、西藏以外的29个内地省市。目前我国拥有中外合作办学机构最多

---

[1] 中华人民共和国教育部：《2017年出国留学、回国服务规模双增长》，http://www.moe.gov.cn/jyb_xwfb/gzdt_gzdt/s5987/201803/t20180329_331771.html，2018年3月30日。

[2] 中华人民共和国教育部：《全面推进共建"一带一路"教育行动》，http://www.moe.gov.cn/jyb_xwfb/gzdt_gzdt/moe_1485/201902/t20190219_370193.html，2019年2月19日。

[3] 王辉耀、苗绿主编：《中国留学发展报告（2020—2021）》，社会科学文献出版社2020年版，第24页。

的省份为江苏、上海和浙江，其后是辽宁、山东和北京。2020年6月，教育部等八部门印发《关于加快和扩大新时代教育对外开放的意见》(简称《意见》)。这份文件显示，有关部门将对中外合作办学模式限制进行适当放宽，继续通过出国留学渠道培养人才等一系列措施促进中外合作办学事业发展。[1]该《意见》的发布和相关政策的落地，将为中外合作办学带来更大的发展机遇。

五　国际游学日趋成熟

国际游学是一种国际性跨文化体验式教育模式。学生可以到世界各国和地区，体验超前教育体系，拓展国际视野，体会多元文化，体验国外高校学习生活，为留学做准备。根据益普索（Ipsos）与新东方国际游学联合发布的《国际游学白皮书2019》显示，超过80%参加国际游学的人群具有留学申请意向，其计划游学的国家与未来计划留学的国家具有很高的相似度。[2]

近年来，国际游学在中国的发展日趋成熟。根据新东方国际发布的《2019泛游学与营地教育白皮书》显示，2018年，中国国际游学的参加人次约105万。该书预测包括国际游学在内的泛游学与营地教育未来将保持每年20%以上的增长率，2022年的市场规模可以达到1725亿元人民币。[3]受到全球新冠肺炎疫情影响，国际游学按下了暂停键，但从历史发展经验来看，一旦疫情结束，国际旅游恢复，国际游学将进一步发展。

值得关注的是，除了"学生"这一传统游学群体，企业家游学也日渐流行。万科创始人王石在花甲之年开启游学旅途，他先后到美国哈佛大学、英国

---

[1]　中华人民共和国教育部：《教育部等八部门印发意见：加快和扩大新时代教育对外开放》，http://www.moe.gov.cn/jyb_xwfb/s5147/202006/t20200623_467784.html，2020年6月23日。

[2]　益普索（Ipsos）：《国际游学白皮书2019》，https://www.vzkoo.com/doc/7186.html，2022年3月24日。

[3]　艾瑞咨询：《2019泛游学与营地教育白皮书》，http://www.199it.com/archives/872530.html，2019年5月9日。

牛津大学和剑桥大学开展游学，随后又到以色列希伯来大学深造，研究企业家精神和商业文明。这一做法开辟了企业家留学的新时代，俞敏洪、潘石屹等企业家也纷纷选择游学来丰富人生阅历，以获得更加国际化的视野和思维模式。还有很多白领阶层也倾向于"暂停"职业生涯，出国读书游历一番。20多年前，著名电视节目主持人杨澜，曾抛下人们眼中的"铁饭碗"，选择前往哥伦比亚大学留学，她在回国之后开始转型，成为节目制作人，创办了《杨澜访谈录》等一批家喻户晓的节目。

在《留学改变了我的世界》一书中，杨澜这样写道，"我所在的学院汇集了50多个来自不同国家的学生，通过跟大家的相处和交流，我的视野和心胸被打开，对于不同的观点有了更加包容的态度，通过和不同观念的碰撞和思辨，我看很多问题的时候，思考的方式会更加开放。"

改革开放以来，尤其是中国加入WTO之后，随着经济社会管理与国际快速接轨，中国融入世界的步伐加快，这为广大学子出国留学创造了适宜的大环境，而随着家庭财富的增加，国家留学政策的放开，更多学子有了出国留学的机会，他们在学习理论知识的同时，丰富了人生阅历，获得了更为广阔的个人发展天地。

第三章 史上最大"海归"潮

1992年初,邓小平视察南方时说:"希望所有出国学习的人回来。不管他们过去的政治态度怎么样,都可以回来,回来后要妥善安排。这个政策不能变。告诉他们,要做出贡献,还是回国好"。中国改革开放后的"出国潮"兴起于1978年,至2019年,先后有600多万人奔赴世界各地。40余年后,以中国崛起为契机,除了已经陆续归来的400多万人,散落在世界各地的海外学子们正重新集结,史上最大"海归"潮正迎面扑来。

第一节 "海归"时代

1999年，在凤凰卫视的一个访谈节目上，我[1]在接受主持人采访时，提起了"海归"这个词。2002年，在人民网总结"五年成就100词"专栏中，对"海归"一词有了一种更全面的解释。通过将留学归国人员与大海的形象联系在一起，使"海归"一词生动再现了留学归国人员的某些特质，也预示了一个时代的到来。

一 留学潮带动"海归"潮

改革开放以来，中国政府坚持大批派遣学生和学者到发达国家留学、访学的方针和1993年制定的"支持留学，鼓励回国，来去自由"的政策，为人才流动提供了制度环境和政策保障，吸引了大批人才回国，但同时，中国人才的流失状况也非常严峻。中国曾在相当长的时间里都是世界上最大的"人才流失国"。在20世纪末、21世纪初，近九成的中国科学与工程博士，完成学业后会选择留在美国。[2] 美国媒体称清华大学和北京大学为"最肥沃的美国博士培养基地"。[3]《中国青年报》曾于20世纪末在清华园里做过一次随机调查，被采访到的18名学生中，明确表示希望出国深造的有14位，当被问及是否会回国时，表态坚决回国的只有3位。美国社区调查的数据显示，中国大陆出生的、具有博士学位的旅美人数为12.4万，占全美博士学位移民的16.4%，比

---

[1] 此处为本书作者王辉耀。
[2] 王辉耀：《人才战争》，中信出版社2009年版，第212页。
[3] 熊丙奇：《博士教育应当回归学术功能》，https://gj.ybu.edu.cn/info/1054/35380.htm，2008年10月20日。

印度高出 1/3 以上，比墨西哥高出近 9 倍。[1] 美国科学基金会针对美国科技工作者的调查显示，2010 年美国的理工科博士毕业生中，出生在美国以外的有 39.5 万人，其中 23% 来自中国，高出名列第二的印度 10 个百分点。[2]

进入 21 世纪，随着出国留学人数的增加和中国经济环境的改善，回国人数开始不断增加。2000 年，我国出国留学总人数 3.9 万人，到 2002 年达到了 12.5 万人，此后保持迅速上升态势，至 2019 年，我国出国人数已突破 70 万人。中国由此连续数年成为世界第一大留学生输出国。在同一时间段里，中国的"海归"人数也实现了迅速增长，2000 年海外留学回国人数仅 9100 人，2003 年，首次突破 2 万人。2008 年后的两年，受发达国家金融危机影响，中国的海外留学回国人数增长迅速，其中 2009 年回国人数首次突破 10 万人，2010 年留学回国人数 13.48 万人，当年留学回国人数超过改革开放后至 2000 年留学回国人员总数。根据教育部最新数据，自改革开放至 2019 年，各类出国留学人员累计达到 656.06 万人，其中 165.62 万人正在国外进行相关阶段的学习或研究；490.44 万人已结束海外学业，其中有 86.28% 的人员，即总计 423.17 万人在结束学业后选择回国，[3] 如表 3—1 所示。

表 3—1　2000—2019 年年度及累计出国留学人数、留学回国人数　　单位：万人

年份	当年出国留学人数	累计出国留学人数	当年留学回国人数	累计留学回国人数
2000	3.90	34.0	0.91	13.0
2001	8.40	46.0	1.22	13.5
2002	12.50	58.5	1.79	15.3
2003	11.73	70.0	2.02	17.8

---

[1]　每年随机抽查美国全国 1% 的人口，调查样本颇具代表性。

[2]　田方萌：《中国的"人才流失"到底有多严重？》，https://cul.qq.com/a/20150826/021984.htm，2015 年 8 月 26 日。

[3]　中华人民共和国教育部：《2019 年度出国留学人员情况统计》，http://www.moe.gov.cn/jyb_xwfb/gzdt_gzdt/s5987/202012/t20201214_505447.html，2020 年 12 月 14 日。

续表

年份	当年出国留学人数	累计出国留学人数	当年留学回国人数	累计留学回国人数
2004	11.47	81.4	2.51	19.8
2005	11.85	93.3	3.50	23.3
2006	13.40	106.7	4.20	27.5
2007	14.40	121.2	4.40	32.0
2008	17.98	139.0	6.93	39.0
2009	22.93	162.0	10.83	49.7
2010	28.47	190.5	13.48	63.22
2011	33.97	224.5	18.62	81.84
2012	39.96	264.46	27.29	109.13
2013	41.39	305.86	35.35	144.48
2014	45.98	351.84	36.48	180.96
2015	52.37	404.21	40.91	221.86
2016	54.5	458.66	43.30	265.11
2017	60.84	519.49	48.09	313.20
2018	66.21	585.71	51.94	365.14
2019	70.35	656.06	58.03	423.17

数据来源：根据《中国统计年鉴》2010—2019年数据整理而得。

二 国内发展空间大

进入21世纪以来，中国经济保持了高速增长，2000—2018年间中国的GDP平均增速超过9%，2003—2007年更是连续5年保持两位数的增长率，远远超过世界经济同期的平均增长率。面对新冠肺炎疫情，亚洲各国积极合作抗疫，稳定疫情，恢复生产。2020年，亚洲经济总量占世界总量之比进一步提升至47.3%。作为亚洲最大的经济体，中国是全球唯一实现经济正增长的主要经济体，经济增长率为2.3%，对亚洲和世界经济的恢复与增长做出了重要贡献。

相关研究表明，留学回国人数与国内生产总值之间存在正相关关系[1]。这也很好地说明了我国留学回国人员的快速增长不仅仅因为留学大潮，国内经济社会的稳定发展也是不可或缺的因素。在新的全球化时代的宏观背景下，中国领导层提出了构建"以国内大循环为主体、国内国际双循环相互促进的新发展格局"。新的发展格局规划，将为广大海外留学生，尤其是高科技留学人员提供更为宽阔的发展平台。当全球都在向亚洲寻找机会之时，中国留学人员同样也会被中国市场巨大的潜力和职业发展平台所吸引。

三 利好政策吸引

2006年，已在美国耶鲁大学完成博士后研究的许嘉森放下美国的一切回国创业。谈到回国原因时，许嘉森表示，在同国内科技界同行交流中了解到，当前国家前所未有地重视科技事业和科技人才。有关部门陆续推出了"长江学者""百人计划""国家杰出青年科学基金"，以及"海外高层次人才引进计划"等。"我深切感觉到，如今国家求才若渴，回国创业正当其时。"正如许嘉森所言，2008年金融危机之后，特别是党的十八大以来，中国政府对人才的重视提到前所未有的高度。2014年5月，习近平总书记在上海与外国专家座谈时指出："一个国家对外开放，必须首先推进人的对外开放，特别是人才的对外开放。"[2] 习近平总书记还指出"要实行更加开放的人才政策，不唯地域引进人才，不求所有开发人才，不拘一格用好人才""更加积极主动地引进国外人才特别是高层次人才"。[3]

---

[1] 中国人事科学研究院柳学智副院长曾考证留学回国人数与国内生产总值的相关性，其选取1978—2012年之间历年的留学回国人数和国内生产总值，计算二者之间的相关系数，结果为0.88，说明留学回国人数与国内生产总值之间存在相关关系。

[2] 《习近平在同外国专家座谈时强调：中国要永远做一个学习大国》，《人民日报》2014年5月24日第1版。

[3] 《习近平在同外国专家座谈时强调：中国要永远做一个学习大国》，《人民日报》2014年5月24日第1版。

为了扭转人才流失态势，吸引留学人才回国就业创业，有关部门制定和出台了一系列战略和政策，以吸引国际人才，尤其是留学生回国，大力吸引高层次和紧缺人才。2008年海外高层次人才引进计划启动，2012年"万人计划"实施。同年，《外国人在中国永久居留享有相关待遇的办法》出台，试点改革居留、签证、"绿卡"，以及出入境制度，以此提升"绿卡"待遇，降低海外人才获得中国"绿卡"的门槛。2016年公安部发布了支持北京创新发展的"中关村20条"政策，这项有利于打破国际人才流动壁垒的出入境政策进一步吸引了海外留学人员归国创业就业。2018年，国家移民管理局的成立象征着中国为吸引国际人才提供制度性支持的努力。2020年，《留学回国人员证明》的取消[1]进一步简化了留学回国人员办事程序，方便了广大留学回国人员工作和生活。这一举措标志着国家在加快畅通留学生回国发展之路，是人才观念转变的大势所趋，如表3—2所示。

表3—2　国家部委吸引留学人员回国工作的主要政策（1987年到2020年）

颁布时间	政策名称	部委
1987年	《回国留学人员工作安排暂行办法》	国家教育委员会、国家科委
1990年	《关于调整使用不当，不能充分发挥专长的留学回国人员工作的办法》	人事部
1992年	《关于出国留学人员工作单位调整有关问题的通知》	人事部、公安部、商业部
1992年	《关于在外留学人员有关问题的通知》	国务院办公厅
1992年	《海关对回国服务的留学人员购买免税国产汽车管理办法》	海关总署
1994年	《关于对留学回国人员携带进境行李物品管理问题的通知》	海关总署
1994年	《关于办理出国留学人员户口登记问题的通知》	公安部
2000年	《关于鼓励海外高层次留学人才回国工作的意见》	人事部

---

[1] 2020年9月17日，教育部发布关于取消《留学回国人员证明》的公告，自2020年11月1日起取消《留学回国人员证明》。《留学回国人员证明》取消后，相关部门和单位根据实际需要，可通过留学人员提供的国外院校或科研机构录取材料、国外院校颁发的学位证书或毕业证书、国外院校或科研机构出具的学习进修证明材料或留学人员自愿在教育部留学服务中心开具的国外学历学位认证书等认定留学人员身份和经历，可通过留学人员护照及签证、出入境信息、回国行程票据等确定留学人员在外留学期限。

续表

颁布时间	政策名称	部委
2000 年	《关于妥善解决优秀留学回国人员子女入学问题的意见》	教育部
2001 年	《关于鼓励海外留学人员以多种形式为国服务的若干意见》	人事部、教育部、科技部、公安部、财政部
2003 年	《国务院办公厅关于转发人事部教育部科技部财政部等部门留学人员回国服务工作部际联席会议制度的通知》	国务院办公厅
2003 年	《开展高层次留学人才回国资助试点工作的意见》	人事部
2005 年	《关于在留学人才引进工作中界定海外高层次留学人才的指导意见》	人事部、教育部、科技部、财政部
2006 年	《留学人员回国工作"十一五"规划》	人事部
2007 年	《关于进一步加强引进海外优秀留学人才工作的若干意见》	教育部
2007 年	《关于建立海外高层次留学人才回国工作绿色通道的意见》	人事部、教育部、科技部、财政部等
2008 年	《引进海外高层次人才暂行办法》	中组部
2011 年	《关于加强留学人员回国服务体系建设的意见》	人社部
2011 年	《留学人员回国工作"十二五"规划》	人社部
2016 年	《关于深化人才发展体制机制改革的意见》	中共中央
2020 年	《教育部等八部门关于加快和扩大新时代教育对外开放的意见》	教育部等八部门
2020 年	教育部关于取消《留学回国人员证明》的公告	教育部

资料来源：根据公开资料整理而得。

为贯彻落实中央政府的国际人才战略，地方政府也纷纷结合自身实际，推出了各自的人才计划，为留学生回国就业创业提供资金上的支持和政策上的优惠。据不完全统计，已有28个省市及地区先后制定了各具特色的海外人才引进计划，如北京的"海聚工程"、上海的"曙光计划"和"1116引才计划"、广东的"珠江人才计划"、江苏的"双创引才计划"、陕西的"百人计划"、山东的"泰山学者"等。一些重要的中心城市、经济相对发达的东部沿海地区也纷纷制定了类似引才计划，如深圳的"孔雀计划"、南京"紫金人才计划"、无锡的"530计划"等。各地留学人员创业园、"海归"创业园等新载体纷纷涌现,与此同时,资金、信贷、税收等人才发展所需的各方面配套政策也逐步完善,如表3—3所示。

表3—3　　　　　　　部分部委及地方引才计划

实施主体	引才计划	制定时间
中央人才工作协调小组	海外高层次人才引进计划	2008年
中科院	百人计划	1994年
教育部	春晖计划	1997年
中国科协和35个海外科技团体	海外智力为国服务行动计划	2003年
自然科学基金会	国家杰出青年科学基金	1994年
中科院、外专局	创新团队国际合作伙伴计划	2001年
教育部、外专局	高等学校学科创新引智计划	2006年
北京市	高端领军人才聚集工程(中关村)	2008年
北京市	海外人才集聚工程	2009年
北京市	凤凰计划(朝阳区)	2009年
北京市	海英计划(海淀区)	2012年
上海市	海外高层次人才集聚工程	2003年
上海市	上海浦江人才计划	2005年
上海市	杨浦区高层次人才创新创业基地"3310"计划	2009年
广东省	孔雀计划(深圳)	2010年
广东省	珠江人才计划	2009年
江苏省	双创计划	2007年
辽宁省	十百千高端人才引进工程	2008年
河南省	中原崛起百千万海外人才引进工程	2009年
四川省	天府高端引智计划	2013年
山东省	泰山产业领军人才工程	2014年

资料来源:根据各省市公开资料整理而得。

四 炽热的家国情怀

"梁园虽好,却非久恋之家。"

施一公在普林斯顿大学任教十年,个人物质待遇优厚、科研经费充沛。在所有人看来,他已经完美地实现了"美国梦"。因此,当他放弃美国的工作和生活回国时,很多朋友和同事对他全职回国不理解。施一公对此解释道:"其实,我回国的动机再简单不过了:游子归乡、报效生我养我的祖国,报答血脉相连的父老乡亲!我希望能在自己年富力强的时候回来至少为祖国健康工作30年。"[1]

同样实现了不少人眼中"美国梦"的陈十一也选择了回国。他说:"希望可以改变中国的工程教育……能够把'中国制造'改成'中国创造'做出自己的一份贡献,这是我的梦想,也是回国的原因。"回国十多年间,他始终保持着高强度的工作,2005年创办北京大学工学院,2015年接任南方科技大学第二任校长。他就像一团火,永远精力充沛,不断跳出舒适区,做新事业的开拓者。

家国情怀是流淌在中华儿女血液中的文化传承、基因密码和情感诉求,也感召和激励着"海归"人才投身到祖国富强、民族复兴的逐梦队伍中来。

第二节 "海归"全景图

"大进大出"的留学活动为我国带来了大量的国际人才资源,"海归"已经成为我国经济社会结构中的一个非常重要的群体。人才是立业之本、兴业之源、弘业之道,为了充分发挥"海归"群体的潜力,"聚天下英才而用之",我

---

[1] 谭浩,崔静:《为了祖国的召唤——党中央国务院邀请"海外高层次人才引进计划"入选专家北戴河休假侧记》,http://zqb.cyol.com/content/2010-08/05/content_3358626.htm,2010年8月5日。

们根据连续多年研究分析"海归"回国发展情况,绘制出一幅"新生代'海归'全景图"。

一 归国主力

在以"80后""90后"为主的新生代"海归"中,经济学与商学类占比最高,在国外获得的最高学历、学位多为硕士研究生。《2018中国海归就业创业调查报告》显示,中国留学生主修经济学与商学类专业占比达到43%,获得硕士学位的比例为56%,学士学位占比38%,博士学位占比较少,如图3—1所示。

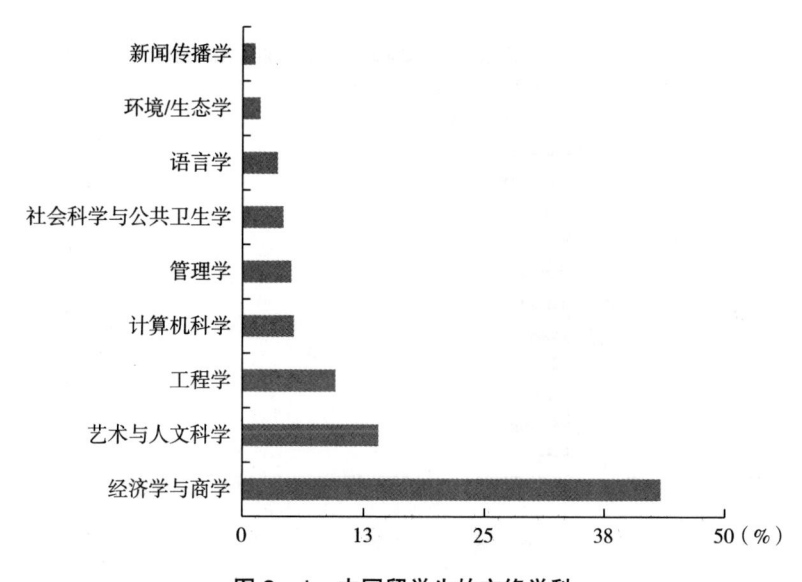

图3—1 中国留学生的主修学科

资料来源:根据CCG《2018中国海归就业创业调查报告》整理而得。

二 归往何处

近年来,虽然"人才大战"已从一线城市扩散到二、三线城市,但北京、上海和广东等一线城市仍是"海归"聚集地。研究显示,出国留学与区域经济发展水平和国际化程度正相关，回国发展与此相关性更高。据《2019中国海归就业创业调查报告》调查显示，从"海归"户籍地数据来看，户籍地为北京、上海、深圳的"海归"人才占比较高，分别为9.91%、6.27%和4.55%。从"海归"现居住地数据来看，回国后选择在北京、上海、深圳发展的"海归"占比分别为19.67%、13.06%和7.24%，分别吸引9.76%、6.79%和2.69%的"海归"增量，而这些增量均来自其他户籍城市。从"海归"期望工作地来看，这一现象在北京和上海更加明显，还将有2.98%和2.82%的"海归"计划去往两地工作，"海归"吸引力进一步显现。其他城市并未表现出抢眼的数据，但长期来看仍具有一定的发展潜力，如广州、成都、杭州等，如图3—2所示。

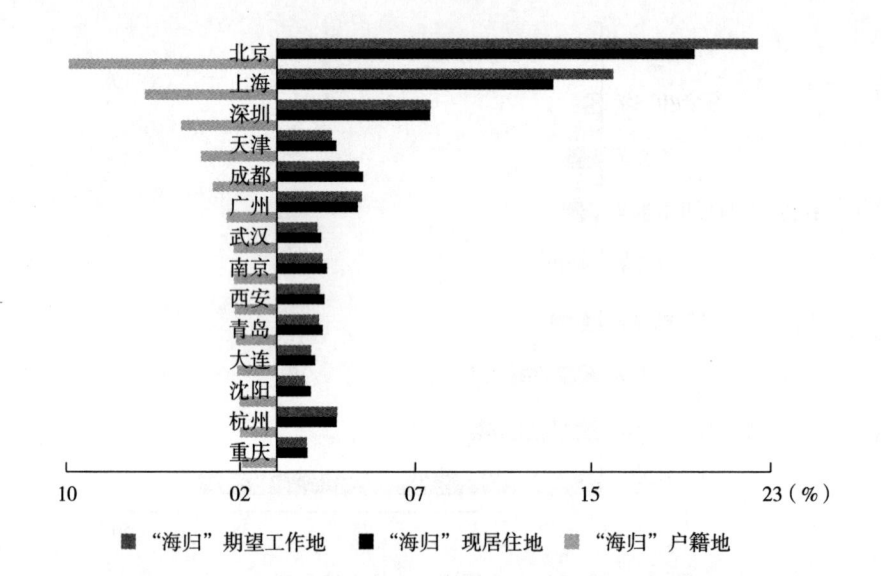

图3—2　"海归"户籍地、现居住地和期望工作地的对比情况

资料来源：根据《2019中国海归就业创业调查报告》整理而得。

"北上广"之所以一直是"海归"聚集地，与其拥有大批优秀的国内外企业有直接关系，比如广东有近300家"世界500强"企业入驻，更有腾讯、万科、华为、平安、迅雷、顺丰等本土企业总部，还有大疆科技、华大基因、"土巴兔""脸萌"等明星企业。此外,"北上广"推出的多项引进"海归"的政策也极具吸引力。仍以广东为例,该省不但有向"海归"开放的人才引进计划,例如"孔雀计划"出资160万元至300万元不等引进高层次海外留学人才;而且其他人才计划也向"海归"开放,2009年推出的"珠江人才计划",面向全球吸引信息技术、高端装备制造、生物技术与新医疗、创新药物、新材料、新能源与节能、资源与环境等高新技术领域的创新创业团队。在深厚的产业链基础、开放包容的态度和多元文化及各种开放性政策的共同作用下,广东成为众多"海归"人才的逐梦地。

第三节 高层次"海归"回流

"这是一个需要"海归"的时代,也是一个成就"海归"的时代"。

2008年,作为中央人才工作协调小组国际人才战略专题研究组组长,我[1]结合多年的国际人才方面的研究,参与了《国家中长期人才发展规划纲要(2010—2020年)》的起草工作,为"海外高层次人才计划"的出台贡献了一份力量。同时,我们也参与了国家部委的建言献策工作,先后主持了中组部、国侨办、人社部、统战部等多个国家部委有关人才研究的课题,在重大项目课题中主要负责有关国际人才战略的比较研究等,同时向中央和有关部委提交多项专题政策研究和建言献策,以提升中国在国际人才储备上的地位为己任。

截至2018年,"海外高层次人才计划"已分14批引进了8000多名高层次人才。仅从2012年党的十八大以来,就引进了超过4300名海外高层次人才,占该计划实施以来引进总数的60%。这些高层次人才中,已有20余人入选中国科

---

[1] 此处为本书作者王辉耀。

学院院士、中国工程院院士,还有专家当选人大代表、政协委员。[1]"海外高层次人才计划"目前已是全球最具国际影响力的国家引才品牌之一。它不仅弥补了国内高层次人才培养不足的短板,还引发了新中国成立以来最大规模的海外人才归国潮。

在"海外高层次人才计划"出台之前,我国已实施了包括中国科学院"百人计划"和教育部"长江学者奖励计划"在内的多项引进海外人才的计划。"百人计划"和"长江学者奖励计划"主要吸引学术型人才。而以"海外高层次人才计划"为里程碑,之后发布的引进海外人才政策除了吸引学术型人才外,还注重吸引创业型人才。截至2018年2月,在前14批"海外高层次人才计划"中,共有899名创业人才入选。许多创业型人才投身高科技产业及新兴产业,促进了国家及地方产业的升级与发展。据不完全统计,由"海外高层次人才计划"专家创办的73家企业成功挂牌上市,其中10家进入创业板,3家进入中小板,2家在美国纳斯达克上市,各有1家在香港、台湾、新加坡上市,其余在"新三板"挂牌。[2]在"海外高层次人才计划"的引领下,地方政府也纷纷出台了当地的引才计划。全国31个省市区和35个行业系统启动了2778项人才工程,制订实施了本地区海外人才引进计划。[3]各地方政府的引才计划与教育部"长江学者奖励计划"、中科院"百人计划"等引才计划一起,构建了全新的引才格局,各个层面相互衔接,从多层次、多渠道开展引才工作。

站在大国崛起的关键时点,"中国最长远的问题莫过于人才问题"。近些年来,我国综合国力快速提升、国际影响力日益提高,经济持续快速增长为高端

---

[1] 雒艺萱:《好风凭借力 扬帆一路歌——国家"海外高层次人才计划"成效显著》,《中国组织人事报》2017年9月13日第3版。

[2] 罗旭:《国家"海外高层次人才计划"专家成果产业化驶入快车道》,《光明日报》2017年8月27日第6版。

[3] 郭芳、姚冬琴:《回国的诱惑:揭秘中国最高级别的人才计划》,《中国经济周刊》2011年第45期。

人才创新创业提供了机会和平台。国家在全球金融危机背景下适时出台一系列海外引才政策，也显现出积极的引才效果。"人才强国"国家战略的提出、"海外高层次人才引进计划"的出台、《国家中长期人才发展规划纲要（2010—2020年）》的颁布——这是新中国成立以来第一个人才发展规划，带动了全国对人才培养、引进、评估、使用的热潮。"人才回流"作为一种经济学现象，与各国经济发展密切相关。研究表明，当一国的人均GDP超过4000美元、产业技术资本密集度超过60%、第三产业贡献率超过64%时，人才将大幅度回流。[1]除了经济因素外，许多非市场因素也在左右着海外人才的选择，例如在海外职场发展遭遇"玻璃天花板"、对家乡和亲人的思念，以及所在国移民政策变动等。

党的十九大报告指出，人才是实现民族振兴、赢得国际竞争主动的战略资源，要吸引国内和国外各方面优秀人才，实现"聚天下英才而用之"。改革开放40多年取得巨大成功的背后是人才发挥了重要作用。人才，尤其是国际化人才的培养和吸引也是中国人才发展规划工作的重中之重。以"海外高层次人才计划"为代表的中国吸引海外人才的政策，是中国为适应21世纪发展的需求，为促进中国的现代化建设，吸引海外高层次人才而设立的，是中国公开的向全球人才发出的邀请函。中国学习西方发达国家经验，通过引才计划促进国际人才来华发展，这符合国际惯例，合情合理。在全球互通互联日益发展的背景下，"你中有我，我中有你"的格局中，中国的海外人才政策推动了中国的发展，同时也为世界经济做出了贡献。我们在引进海外人才的同时，也应该同时支持国际人才在全球范围内的自由流动，发挥人才的最大效用。

---

[1] 王辉耀：《遵循国际人才流动规律引进人才》，http://cpc.people.com.cn/n/2014/0604/c82581-25104191.html，2014年6月4日。

第四章　大国智囊

　　现代社会对国家治理与决策水平的要求越来越高，留学回国人员因其跨文化背景和国际视野，成为中国社会公共事务中一支活跃的力量，积极参与中国改革开放和民主建设。随着我国社会主义民主政治的发展，越来越多的"海归"人才进入各级人大、政府、政协、司法机关和国家企事业单位等，有的还担任领导职务，他们积极参政议政，创办智库，建言献策，积极参与社会政治生活，为我国的全面发展与进步发挥着关键作用。

第一节 "海归"参政议政

"海归"群体从政自清末逐渐形成,在民国时期壮大繁盛;在"文化大革命"期间黯然褪色,在当代逐渐复兴。与历史上"海归"人士在政坛上的呼风唤雨相比,当代"海归"人士对中国政坛的最大贡献是提供专业技能与引入先进理念。

一 基本情况

纵观中国历史,"海归"人士在中国历届政府部门中都发挥了重要作用,如表4—1所示。孙中山先生组建的临时内阁中,归国留学生在9个部的18名部长、副部长中占据了15席。1912年到1928年,北洋政府内阁经历了先后32次更迭,41.93%的历任国务总理和51.37%的内阁阁员具有留学背景,其中20世纪20年代的24任外交部长几乎全为欧美留学归国人员。1948年出版的《中国当代名人传》收录的198名国民党党政军要人中,44.4%的人员有留学经历。

表4—1　　　　　　　　　　"海归"从政历史回顾

	留学时间	留学国家	"海归"代表人物
第一代	1854—1900年	美欧	容闳、唐绍仪、刘步蟾等
第二代	1900—1927年	日、法等	孙中山、周恩来、邓小平等
第三代	1927—1949年	欧美	奠基科技发展的科技人才
第四代	新中国成立初期至改革开放前	前苏联和东欧	江泽民、李鹏、李岚清、钱其琛、邹家华等
第五代	1978—2000年	100多个国家和地区	韩启德、路甬祥、万钢、陈竺等

资料来源:王辉耀、苗绿主编:《中国留学发展报告(2016)》,社会科学文献出版社2016年版。

留学生对 20 世纪中国共产主义运动的发展同样有着深远影响。中国共产党和新中国的诞生，与"海归"结下了不解之缘。1921 年 7 月 1 日，中国共产党成立，出席成立大会的代表中 2/3 为归国留学生。中华人民共和国"十大开国元帅"里面有 6 位"海归"人士。新中国成立的第一届中央政府组成人员共 63 人，其中 42 人是留学人员或在海外工作过。中国共产党第二代领导核心中，邓小平曾先后多年留学法国、苏联。第三代领导核心中，江泽民、李鹏、李岚清等都曾留学苏联。

根据 CCG 的最新研究，在截至 2021 年 12 月在职的中共第十九届中央委员会委员、中共第十九届中央委员会候补委员、国务院部委部长（主任）、国务院部委副部长（副主任）以及 31 个省区市（港澳台除外）省委书记、省长（自治区委书记、区政府主席；直辖市委书记、市长）等领导干部中，具有海外留学背景的共有 71 人。其中，在中共第十九届中央委员和候补中央委员中，有留学背景的人数由第十八届的 40 人提升至 56 人，占比从 10.6% 上升到 14.9%，提高了 4.3 个百分点；国务院部委的正副部长中，拥有海外学习背景的人数为 23 人，占比 16.4%；各省市自治区领导干部有留学背景的人数有 10 人，比例从 2016 年 9 月的 6.8% 提升至 2021 年 12 月的 16.1%，提升了约 10 个百分点。这些情况都从侧面反映了留学人才参与国家治理呈现良好发展态势。

在现代，"海归"人士凭借其先进的理念与专业技能，在对外经贸部、科技部、卫生部、教育部、环保部等国家部委担任要职，推动了我国国际贸易、科技创新、卫生与环保事业的发展，提升了我国经济社会的国际化水平。

2001 年，龙永图的名字频繁出现在中国媒体上，这一年的 12 月 11 日，中国正式成为世界贸易组织（WTO）成员。此时，距离中国首次递交"复关"申请已经过去整整 15 年。龙永图亲自参与了这其中关键性的 10 年谈判，其间他飞往日内瓦不下 50 次，用他自己的话说："受益于航空公司的常旅客计划，我们从航空公司拿到的免费机票足以让我们飞到月球了"。"入世"为中国带来了巨大的经济红利，中国由此发展成为世界第二大经济体，世界第一大贸易国，实现了自身经济、贸易体量的双增长。而且，随着我国经济规模的快速成长，对全球经济增长的贡献率也上升了三成，变成了全球经济稳定的"压舱石"。

2007年，具有德国留学与工作背景的万钢出任科技部部长。他是改革开放以来首位担任部长的民主党派人士。在他的任期内，我国科技创新飞速发展，成果丰硕，其中，航天、海洋、超算以及核电等高科技战略领域开始走向世界前列；同时，我国的基础研究也得到了明显加强，量子纠缠、胚胎干细胞等众多研究成果都产生了世界性影响。民生福祉因科技创新得到极大改善和提升；科技体制的改革向纵深发展，实现历史性转变。

有人说："如果万钢是破冰，那么陈竺就是推进"。在万钢就任科技部部长的同一年，同样具有"海归"背景的陈竺担任卫生部部长，他在任的五年，正是"新医改"如火如荼展开的五年。他对中国的医药卫生体制改革起到了深化和推动作用，使全民医保体系的覆盖率增加，运行更加完善。

韩启德曾在农村行医十年，是一名备受群众欢迎的"全科医师"。20世纪80年代，他从美国留学归来，长期从事心血管基础研究，在α1肾上腺素受体（α1—AR）研究领域获重要成果，在心血管神经肽研究方面取得了多项创新性成果。2002年，韩启德当选为九三学社中央主席，之后几年又当选全国人大副委员长、中国科协主席、全国政协副主席、中国欧美同学会会长等国家领导职务，这样从全科医生到国家领导人的经历，是很多既是专家又是领导的技术派官员的人生缩影。

2015年，具有海外留学背景的陈吉宁出任环保部部长。他长期从事环保工作，是我国第一位出任环保部长的环境学者。他针对我国现阶段面临的复杂环境问题，正确把握和处理环境保护与经济社会发展关系，深化环保领域体制机制改革，坚持以改善环境质量为核心，以京津冀及周边地区为重点，大力推进环保督查问责，力推"史上最严"新《环保法》实施。如今作为北京市市长，他积极推动北京减量发展，大气污染治理成效显著，为全球其他城市治理大气污染提供了"北京经验"。

在复杂的全球化背景下，各国政府的管理面临新的风险与挑战，如何才能实现与世界接轨，主动参与全球治理，发起甚至主导国际规则的制定与改革，这些都成为各个国家施展全球影响力的焦点所在。对于我们国家来说，改革管理模式，提升管理水平，更主动地参与国际事务，积极在国际舞台发声，已经成为从中央到地方各级政府努力的方向。

海归人士可以肩负国家要职，也是我们国家多党合作进入新的发展阶段的重要标志，更是我们国家执政组成包容性与开放性的最好体现。从中国八大民主党派现任中央主席来看，其中民革中央主席万鄂湘、民盟中央主席丁仲礼、民建中央主席郝明金、农工党中央主席陈竺、致公党中央主席万钢、九三学社中央主席武维华均为海归。比如武维华曾经在美国学习工作了很多年，他是美国新泽西州立大学植物科学系植物科学专业博士研究生、美国哈佛大学生物学实验室博士后、美国宾州州立大学生物系博士后。作为一位"研究植物"的科学家，武维华学成归国后，把对土地对农业的感情，投注到专业的选择和钻研上，先后主持了国家杰出青年科学基金、国家自然科学基金委员会创新研究群体科学基金、国家自然科学基金重点项目、国家重点基础研究发展计划（973计划）项目、美国洛克菲勒基金会专项研究基金等多项科研项目。2017年，武维华获得了第十届"谈家桢生命科学成就奖"。同一年，他当选为九三学社中央委员会主席，现在他的一项重要工作就是到全国各地去考察，了解我国农业发展的不足和问题，最后汇报中央一同参与解决问题的方案研究，从而造福于民。

二　优势与困惑

优秀的"海归"人才在参政议政方面具有独特的优势，一方面，他们拥有专业的知识背景，以及先进的管理理念与经验；另一方面，他们具备国际化视野与思维，这一点在全球化时代尤为关键。随着从政"海归"群体的增加，他们对政府部门的工作理念、工作方法、工作效率等方面正在产生积极影响，带来从政新气象。同时，国家需要这些人才在政治层面发挥更大的作用。

以易纲为例。1997年，作为北京大学中国经济研究中心（CCER）创办人之一的易纲，就任央行货币政策委员会副秘书长，成为第一位在央行担任要职的"海归"人士。次年，易纲在《中国的经济增长：速度、效率和可持续性》一文中阐述了经济发展的模式选择，前瞻性地提出经济结构的调整比速度更重要。这一年，易纲还预警了通货紧缩的出现，并提出对策。此后，易纲先后出任央行货币政策委员会秘书长、货币政策司副司长、司长、央行行长助理、央行副行长。作为中国金融改革最主要的参与者之一，他被媒体称为"坚定的改革派"。20年间，易纲在人民币汇率形成机制、利率市场化、人民币国际化等领域做了很多工作。20年后，他成为首位"海归"央行行长，易纲承诺，未来将坚定不移推动金融业改革和对外开放。在国际"反全球化"浪潮兴起、中国步入新时代的背景下，具有"海归"背景的易纲执掌央行，无疑是给世界释放了中国将继续支持全球化的重要信号，而他对于中国与西方经济、金融系统的深刻认识，也将对提升中国在全球经济治理中的制度性话语权产生重要影响。

近年来，从中央到地方，在"海归"人才引进方面相继出台了很多政策，不过，相比企业，公务员队伍选聘还不是一个普遍现象。根据有关媒体报道，2014年以来，中国证监会、外汇管理局、中国银监会等机构先后出现通过"海外高层次人才计划"引进来的"海归"人才离职的现象。这其中一个核心原因就是公务员选拔与考核机制缺乏一定灵活性。对于"海归"人才这样一个国际化群体,如何根据其特点形成与之相应的制度安排,完善"海归"从政人才引进、培养及生成机制需要引起特别关注。

三 参政议政路径探索

为"海归"等国际化人才提供多元的参政议政路径选择,充分发挥他们的国际化优势,是提升我国的国际形象,打造国家软实力的重要保障。综合国内外政府决策程序与非政府人士参政议政现状,"海归"等国际人才的参政议政路径建设可以从以下方面探索:

第一,可以通过人大、政协等平台参政议政。综合考虑我国现行的公务员选拔与考核制度,"海归"人才直接进入政府会比较困难。可以拓展"海归"人才进入人大、政协等机构的机会,通过这些平台为政府建言献策。关于这条途径我国已经开始了良好的实践,比如每年的"两会"期间,我们都可以看到很多熟悉的"海归"面孔以人大代表或政协委员的身份现身地方"两会"、全国"两会",为国家的经济发展和社会建设贡献智慧。

第二,通过设立高层次人才联系制度等方式推动政府与"海归"人才的联系常态化。地方政府需要根据当地的实际需求和实际情况,积极探索建立政府与"海归"人才之间的对话机制,搭建"海归"专家建言献策平台。在涉及重大的地区经济和社会发展项目时,从可行性论证到决策出台各环节中,都可以认真听取相关领域专家的意见与建议,充分发挥"海归"专家的作用。

第三,加大国有企业、事业单位等机构对"海归"人才的招聘力度。拥有相关工作及锻炼经历,可以为"海归"提供更多的从政优势。[1]

---

[1]《公务员法》第64条规定:"国有企业事业单位,人民团体和群众团体中从事公务的人员,可以调入机关担任领导职务或者副调研员以上及其他相当职务层次的非领导职务。"

第四，对政府人事聘用方式进一步改革。如可以考虑在金融、法律等专业性强的部门以及涉外机构等探索实行聘任制，充分发挥海外人才国际化、专业化的优势。与此同时，可改革招聘流程和录用机制，探索海外工作经历同体制内的级别对接方式，促进"海归"人才回流。

第五，完善智库"旋转门"机制，推动智库和行政单位之间的双向人才流动。智库以公共政策和公共利益为导向，通过参政议政的方式服务于政府决策部门，与政府联系紧密。可通过灵活的制度安排实现智库与党政行政单位之间的人才互相交流和流动，从而鼓励智库人才"旋转"。目前北京已经开始相关探索，比如将一些固定的职位给学界人才，很好地促进了政界与学界的沟通。建议将北京的实践成果制度化，为学界代表提供部分政策研究职位并定期改选，通过设立学界与政府的"旋转门"机制，为"海归"人才参政议政提供机会的同时，向政府输入新鲜血液，促进政府决策更加科学、公平和民主。

第二节　大国崛起的关键力量

改革开放以来，"海归"群体对中国最突出的贡献之一就是为经济建设和社会发展提供智力支持，成为中国大国崛起的关键力量。

一　"五年规划"核心智囊团

"五年规划"全称为《中华人民共和国国民经济和社会发展五年规划纲要》，是中国国民经济计划的重要部分，属长期计划，主要是对国家重大建设项目、生产力分布和国民经济重要比例关系等作出规划，为国民经济发展远景规定目标和方向。

2015年3月，国家发改委官方网站极为少见地披露了"十三五"规划的核心智囊团——《"十三五"国家发展规划专家委员会55人名单》。我们发现，这份名单中，近半数的专家拥有海外留学或海外访问的背景，薛澜、林毅夫、樊纲、白重恩、钱颖一、周其仁、翟国方、曾湘泉、余永定、许宁生等多位"海归"人士榜上有名。

以薛澜为例，其关于公共政策、战略新兴产业及科技发展趋势的研究，对我国现代化公共治理体系的形成具有重要的推动作用。1996年，博士毕业于美国卡内基梅隆大学工程与公共政策专业、在美国乔治·华盛顿大学做助理教授的薛澜回国，任教于清华大学。中国的管理科学是改革开放后才发展起来的新学科。薛澜通过对中国的观察，构建解释中国公共政策过程的本土化理论，促进决策科学化、民主化的改革。近年来不时发生的突发灾难和危机事件，更促成了他对"危机管理"的持续深入的研究。担任清华大学公共管理学院院长期间，薛澜带领研究团队做了大量前瞻性、创新性的探索，针对"培育发展战略性新兴产业研究"、"当代科技发展趋势及我国的科技发展"等问题，他三次为政治局集体学习授课，多次参与国家重要文件的政策咨询与文件起草工作。

正如国家发改委相关人士在接受《财经国家周刊》采访时所称，目前世界经济增长格局、国际产业分工、地缘政治环境等都在发生深刻变化，"十三五"规划的编制必须大胆创新，强化全球视野和战略思维，因此，吸纳具有海外工作、学习经历的专家非常有必要。[1]

二 推动大国崛起的"第四力量"

智库在当今国际社会中的地位与作用越来越突出，在社会体制与运行机制

---

[1] 谢涓：《解密十三五规划建议稿起草：起草组财经要员和核心智囊都有谁》，https://www.thepaper.cn/newsDetail_forward_1392714，2015年11月4日。

较为健全的西方发达国家，大到国家安全、对外关系和发展战略，小到退休金、社区卫生乃至儿童午餐等问题，都能听到智库的声音。大国的崛起，同样离不开智库。在"百年未有之大变局"的今天，后发后生型的新兴国家面临的机遇和挑战空前增多，国际国内环境空前多变，科学决策的难度空前加大。怎样把握机遇，如何应对挑战，是新兴国家的共同课题，而这就需要科学、专业、系统的研究作为决策的支撑。[1]

中国经济改革的发展与成功，离不开智库所发挥的作用。就中央许多重大决策和决议的出台背景来看，堪称中国政府智囊的智库中，国务院发展研究中心、中国社会科学院、北京大学国家发展研究院、全球化智库等拥有一大批国内外著名的专家学者，其中，大批具有留学背景、熟悉国际经济、金融和市场体系的"海归"专家学者，他们关于中国经济改革的理论与政策研究、通过社会媒体发表的评论文章，以及提交的政策建议，都为中国经济改革的成功起到了积极的促进作用。

作为一个勤奋的学者，吴敬琏几十年来学术成就极为丰富，他总是将研究课题与经济发展问题相结合，以此来研究中国经济改革的理论和政策，在关键时刻发出关键声音。

1984年夏天，他完成美国耶鲁大学访问研究员的工作，回到国内，参与撰写《关于社会主义制度下我国商品经济的再探索》，肯定了商品经济在社会主义经济发展中的积极作用，为十二届三中全会将社会主义商品经济确立为改革目标奠定了理论上的基础，中国市场经济理念由此萌芽。在社会主义商品经济被确立为改革目标之后，吴敬琏适时提出了"三环节配套改革"的观点，明确了政府和市场在经济中的定位，即以市场机制为主配置资源，而政府只是从

---

[1] 王辉耀，苗绿：《大国智库》，人民出版社2014年版，第7—10页。

宏观上对经济进行调控。1992年，邓小平视察南方，掀起了新一轮思想解放的高潮。吴敬琏的《论作为资源配置方式的计划与市场》和《论竞争性市场体制》为此次思想解放提供了经济理论上的支持。在十四大即将开幕之时，吴敬琏等人两次给中央写信建议将"社会主义市场经济"的提法写进报告。十四大报告里明确指出："我国经济体制改革的目标是建立社会主义市场经济体制。"为"计划"与"市场"的争论画上了句号。吴敬琏作为市场经济的倡导者，与时人一起将经济改革推进了市场经济的轨道。[1]1997年，吴敬琏撰写的研究报告《把社会主义的理论创新提高到一个新的水平》，以及他带领的国务院发展研究中心课题组提交的"实现国有经济的战略性改组"建议，也在十五届四中全会关于《中共中央关于国有企业改革和发展若干重大问题的决定》中得以充分体现。

如今已是耄耋之年的吴敬琏依然活跃。2013年1月，吴敬琏与马国川合著的《重启改革议程》出版，对过去30年中国可以保持经济高速增长的原因，以及今天中国面临的问题，如何应对挑战，实现顺利转型等进行了深刻剖析，为十八届三中全会全面深化改革提供了思想支撑。中国银保监会主席郭树清曾经如此评价这位师长："没有吴敬琏，中国的经济改革肯定也会成功，但是有了吴敬琏，还是有所区别的。不管这个区别是大还是小，他加快了改革的进程，所以在市场和计划争论最激烈的时候，大众给他封了'吴市场'的称号。因为他坚持市场的取向，在理论界、学术研究界，在青年学生中都有非常广泛的影响。对我们改革目标模式的确定做出了不可磨灭的贡献。"[2]

全球化智库（CCG）的员工中"海归"人才占比非常高，这一点是全球化智库能够拥有国际视野与多元思维的重要保障。CCG汇聚了国际化专家资源

---

[1] 王辉耀主编：《百年海归 创新中国》，人民出版社2014年版，第353页。
[2] 陈晓：《吴敬琏：从"吴市场"到"吴法治"》，http://www.lifeweek.com.cn/2012/0718/37922_3.shtml，2012年7月18日。

与工作团队,以国际人才研究为切入点,推动了中国的留学潮与"海归"潮,在国家人才战略、国际人才竞争策略和高端人才引进等方面持续推动和影响着国家政策的制定。近年来,CCG将研究从人的全球化拓展到企业全球化、全球化与全球治理等更为广泛的全球化领域,促进全球化在中国成为共识,推动中国实现由全球化的参与者到推动者,甚至引领者的转变。

第三节 国际组织中的"中国面孔"

1971年,中国恢复在联合国的合法席位,成功迈出重返世界舞台的关键一步。然而从那时起之后的30年间,很少有中国人参与联合国高层职位的竞选,其他非联合国系统的国际组织领导层中也鲜有"中国声音"。这种局面直到21世纪初才开始改变,这其中,"海归"人士扮演了关键角色。

一 执掌国际经济组织

在世界银行(WB)、国际货币基金组织(IMF)和世界贸易组织(WTO)三大支撑世界经济发展的重要支柱中,中国人通过不断努力,成为其中的重要力量。这其中比较有代表性的人物包括,林毅夫(美国芝加哥大学经济系博士)、朱民(美国约翰斯·霍普金斯大学经济学博士)、张月姣(美国乔治顿法学院、哥伦比亚大学法学硕士)等。丰富的海外求学背景让他们更懂得国际规则、具有良好的跨文化交流与沟通能力,因此,在与世界打交道时更加游刃有余。

管理大师彼得·德鲁克曾经感叹:"除非特别特别优秀,否则你在世界银行无法立足。"1978年,章晟曼成为改革开放后第一批中国留学生。1995年,年仅38岁的他成为世界银行历史上最年轻的副行长,开创了"中国面孔"参与高规格国际经济事务的先河。章晟曼说："中国人在国际经济组织中起步晚了，但这不等于说我们不能改变这些东西，我算是作尝试，为后来人开路，有一些参考。"[1]

2008年，林毅夫被任命为世界银行首席经济学家兼负责发展经济学的高级副行长。一直以来，世界银行的经济学家主要来自欧美国家，他们基于西方经验，提出了"华盛顿共识"，认为发展中国家的经济改革中最重要的是扩大自由化与私有化，同时应推行紧缩性的财政政策。对此，林毅夫并不认同。他认为发展中国家和转型中国家不应当照搬所谓的"理想模式"，只能根据国情走自己的发展道路。在世界银行工作期间，林毅夫对发展中国家面临的机遇和挑战进行了更深入和广泛的研究，并与各国政府和研究机构共同探讨适合各国实际情况的解决方案。[2] 2012年6月，结束任期时，世界银行评价道，在林毅夫任职的四年中，加快了中国与世界银行、各国政府之间的沟通，尤其是在制度创新方面有独立的贡献。

国际货币基金组织（IMF）是与世界银行并肩的国际金融组织，其职责是监察货币汇率和各国贸易情况，提供技术和资金协助，确保全球金融制度运作正常。IMF通常在各国发生危机时，扮演"救火队长"的角色。2010年2月24日，朱民被任命为IMF总裁特别顾问。当天，英国《金融时报》评价称"这一最新信号表明，中国在国际金融机构中的话语权越来越大。"2011年7月13日，时任IMF总裁拉加德正式提名朱民为IMF副总裁，朱民成为进入该组织最高管理层的第一位中国人。留学美国的教育背景、流利的英语与丰富的决策经验，让朱民在美国华盛顿大受欢迎。一些美国同行称他为"最能体现中国现代决策层风貌的人物"之一。在任职IMF副总裁的五年间，朱民领导IMF

---

[1] 陈凯茵：《从章晟曼到金立群 细数国际经济组织中的重量级"中国面孔们"》，https://m.sohu.com/a/29211168_115411/，2015年8月25日。

[2] 王辉耀主编：《百年海归 创新中国》，人民出版社2014年版，第397页。

对脆弱国家、小型经济体与低收入国家开展业务活动，对IMF的风险管理框架，IMF与世界银行联合举行的年会进行了大刀阔斧的改革。2016年10月1日，人民币正式纳入特别提款权（SDR），这是人民币在国际货币体系中地位不断上升的生动体现，也是国际社会对中国经济发展与金融业改革开放成果的肯定，属于人民币国际化的里程碑。朱民正是其中的积极推动者。

与此同时，作为亚洲基础设施投资银行、金砖国家新开发银行等新兴国际经济组织的重要发起国，"中国声音"也愈发响亮。

亚洲基础设施投资银行（简称亚投行）是一个政府间性质的亚洲区域多边开发机构，是首个由中国倡议设立的多边金融机构。2015年8月24日，金立群被正式任命为亚投行候任行长，并于2020年实现连任。在他的带领下，亚投行赢得了国际社会的认可，国际三大评级机构均给予亚投行"3A"级的最高信用评级，巴塞尔银行监管委员会给予亚投行零风险的权重。亚投行的成员遍布除南极洲外的所有大洲，成员数量从57个创始国上升到105个。亚投行是中国承担更多国际责任，提供国际公共产品的建设性举措。金立群从零开始领导一个全球多边金融组织，为中国赢得了世界的信任票。亚投行代表了全球多边主义在困难情况下的积极发展，其成功经验证明，一个中国发起并得到全世界支持的亚洲组织，在世界各国的积极参与下能够对全球经济的合作和一体化都有着促进作用。在逆全球化潮流下，金立群带领亚投行坚守多边主义原则，承担起更多国际责任，在全球治理中发挥中国乃至亚洲的力量。

二 "海归"精英频现国际舞台

中国虽然是联合国安理会的五大常任理事国之一，但受限于自身经济实力与发展国内经济的优先任务，参与国际事务与全球治理并未在改革开放后几十年来成为国家战略重点。随着改革开放的深入，中国在世界经济中的体量不断上升，2010年超越日本，跃居世界第二大经济体。中国向各大国际组织缴纳的会费大幅增加，这也为更多中国人到国际组织任职创造了有利条件。从2003年开始，中国人当选国际组织高级官员的消息接连不断，以"海归"群体为主要代表的"中国面孔"也开始活跃在几乎所有的重量级国际组织中。

2003年，曾在中英香港问题谈判中担任法律顾问的著名国际法学家史久镛当选国际法院院长，成为国际法院自1946年成立以来的首位中国籍院长。

2005年，时任教育部副部长、中国联合国教科文组织全国委员会主任章新胜当选为联合国教科文组织执行局主席。

2008年，林毅夫被正式任命为世界银行首席经济学家兼负责发展经济学的高级副行长。这是世界银行第一次任命发展中国家人士出任这一要职。

2011年，时任国际货币基金组织（IMF）总裁拉加德正式提名朱民为IMF副总裁。朱民成为第一位进入IMF高层的中国人。

2013年，时任教育部副部长郝平当选联合国教科文组织大会主席。这是该组织历史上中国代表首次获选大会主席。

2014年，赵厚麟当选国际电信联盟秘书长。这是国际电信联盟150年历史上的第一位中国籍秘书长。作为"50后""海归"就任国际组织的典型代表，赵厚麟曾是第一位非欧洲籍的国际电联电信标准化局局长，担任过国际电联副秘书长，改变了国际电信联盟领导层一直由西方发达国家人士担任的格局。

2015年，柳芳成为国际民用航空组织的新"掌门"。这是国际民用航空组织历史上首位中国籍秘书长，也是第一位女性秘书长。

2017年，我国微生物学领域的学术带头人之一邓子新当选国际工业微生物遗传学国际委员会新一届主席，成为第一个担任该国际学术组织主席的中国科学家。同年，龚克高票当选世界工程组织联合会候任主席，这是该国际组织成立50年来首次由中国科学家担任主席。这不仅彰显了中国在国际工程领域影的响力，也提高了中国在该领域的国际话语权。

2019年，中国农业农村部副部长屈冬玉当选为联合国粮农组织第九任总干事，成为第一个担任该组织总干事一职的中国人。

作为世界第二大经济体以及最大的发展中国家，中国在国际社会中的重要性与日俱增，与此同时，中国在国际事务中的主动权和话语权也需要不断提升。正如WTO首位中国女法官张月姣所言，"我当选的意义并不在于中国在WTO获得了一个高层职位，而在于中国从此获得了规则的解释权和制定权。"[1]

对世界而言，推动全球化需要中国声音；对中国而言，不断融入国际社会，才能熟悉国际组织的"游戏规则"，提升自身话语权和影响力。早在20世纪90年代，吴建民大使就提出建议，中国要加大向国际组织派人的力度，"要建立国际政治经济新秩序，国际组织是修改秩序的重要力量，而在国际组织工作的人员至关重要"。虽然国际组织中的"中国面孔"越来越多，但一个不可忽视的事实是，中国人在国际组织担任高官的人数及比例与西方发达国家还相差甚远。

根据2019年4月联合国秘书长古特雷斯的报告，截至2018年年底，联合国秘书处专业及以上职类中，中国籍职员的数量适当范围为169—229人，但是实际职员仅有89人，距离低限还差80人。相比其他国家，印度的职员数量适当范围为46—62人，实际职员62人，已经达到其高限；英国的数量适当范围为83—112人，实际职员达到123人，已经超过其高限。在秘书处D—1以上的高级别职员中，美国（42位），英国（21位），德国（16位），中国（13位），印度（12位）。[2] 可见，在联合国系统中，中国籍国际职员实际比例远低

---

[1] 王成：《WTO首位中国大法官张月姣》，《廉政瞭望》2008年第4期。
[2] 张海滨：《应对国际组织"中国人才荒"》，《环球》杂志2020年第13期。

于其应占比例，高级职位数量相对偏少，代表性有待加强。这一现象对中国推进全球治理体系变革，提升在全球治理中的影响力、话语权和规则制定权，可能形成越来越大的制约。

近年来，中国逐渐认识到联合国中中国籍管理人员比例偏低的弊端，开始将国际组织人才培养和输送工作提上重要议事日程。比如国家相关部委通过举办培训班等方式，为学员参与国际组织竞聘提供理论及应用型指导；鼓励高校设置国际组织人才培养项目，以不同方式，在不同层次上开展国际组织人才培养工作；启动赴联合国教科文组织、国际电信联盟、国际民航组织等国际组织实习项目；定期发布国际组织动态消息、岗位空缺、招聘、考试等信息，为有志于赴国际组织任职的人员提供支持和帮助。

国际组织是制定国际规则、分配国际资源、协调多边事务的重要平台，也是全球治理的重要阵地，随着国际组织的重要性被各国所认识，围绕国际组织的博弈也愈发激烈，由此引发的各国对国际组织和全球治理人才的迫切需求日益凸显。各国纷纷培养和推送优秀人才前往国际组织实习或任职，以此创造机会参与全球治理，扩大国际影响力。国际组织人才的培养需要长期积累和苦心经营。当前，由于缺乏国际组织相关工作经验，导致履历与国际组织招聘要求不符等原因造成的中国国际组织人才储备不足，已经成为制约联合国系统内中国籍国际职员晋升和人数增加的最大瓶颈。从前文的诸多案例中可以看到，通晓西方文化、深谙世界组织游戏规则同时拥有中国视角的"海归"人才可以发挥重要作用。众多"海归"人才中的优秀代表已经或正在国际组织中担任要职，他们有效提升了中国在国际公共事务中的话语权，在全球治理中发挥着重要作用。在他们的带领下，相信中国迈向世界的步伐将越来越快。

第五章　科教文卫

科教文卫领域是留学人员回国发展的传统空间。其中，科技是最能体现"海归"人才价值的领域，特别是在国家科教兴国战略等方面；教育则是吸纳"海归"人才最多的领域之一。与此同时，在新闻、文化、体育等诸多方面，"海归"人才也影响和改变着传统观念，无形推动着社会进步。掌握国际先进技术和理念的"海归"人才目前已成为中国建设创新国家的关键力量，未来还应继续发挥这一作用，努力创造新的成果，提升中国在科技界、学术界的国际地位。

第一节 科技创新

改革开放初期，中国整体科学技术水平大大落后于欧美等西方国家，四十多年来，我国在科技领域奋起直追，攻坚克难，逐渐打破技术封锁，实现了自主创新，有的领域甚至实现了弯道超越，在国际范围内成为领跑者。这其中，留学归国人员发挥了非常重要的作用。

一 科技领域的"海归"

2000年，我国设立了国家最高科技奖，这是我们国家五个国家科学技术奖中最高等级的奖项，授予对象包括，在当代科学技术前沿取得重大突破或者在科学技术发展中有卓越建树、在科学技术创新、科学技术成果转化和高技术产业化中创造巨大经济效益或者社会效益的科学技术工作者。国家最高科技奖每年评审一次，每次名额不超过两人。该奖项创立至今的20多年里，共有35位杰出科学工作者获得此项荣誉，其中，"海归"科学家占比过半，他们在生物医学、气象学、建筑学、物理学、数学、计算机、航天科学、国际核能等领域取得了丰硕的研究成果，做出了开拓性的重大贡献。

2018年国家最高科学技术奖获得者之一的刘永坦院士在20世纪80年代英国留学归来后，就立下"开创中国的新体制雷达"的宏愿。从此，刘永坦四十年如一日，率领团队自主研发，实现对海新体制探测理论、技术的重大突破，打破国外技术垄断，让我国海域监控面积从不足20%到全覆盖，筑起一道"海防长城"。[1] 该年度另一位获奖者钱七虎院士，是我国现代防护工程理论奠基人，为我国多项大型工程立下汗马功劳。他曾主持被誉为"亚洲第一爆"的珠海国际机场项目爆破工程，为中国爆破技术开辟了新的应用领域。在港珠澳大桥的海底隧道项目、南水北调工程、西气东输工程等国家重大工程项目上，他都提出了切实可行的决策建议和关键性解决方案，对我国现代防护各个时期的建设发挥了重要作用。

"海归"科学家在国家科技战略的确定与有效执行方面做出了重要贡献，比如科技部"973""863"计划的首席科学家、课题组长，绝大多数都是改革开放以后的留学回国人员。根据CCG的统计，在2019年中国科学院选举产生的64名中国科学院院士中，大约72%具有海外留学或工作经历，其中，生命科学和医学学部新当选院士中，"海归"科学家占比90%；地学部、化学部新当选院士中，"海归"科学家占比均超过80%。"海归"科学家们搭建起不同于国内传统体制的新型科研平台，推动了中国基础科研水平的大幅度提升，实现了领先世界的科研突破，也大大提高了中国科学现代化的速度，有力促进了中国的现代化建设。

二 扎根基础研究

2016年8月16日，世界首颗量子科学实验卫星"墨子号"发射成功。"墨子号"突破了一系列关键技术，使我国在世界上首次实现卫星和地面之间的量子通信，有助于实现国家信息安全和信息技术水平的跨越式提升。这距离潘建伟在中国科学技术大学组建我国第一个量子物理和量子信息实验室已经过去了16年。这十多年时间里，潘建伟带领团队已经成功创造了多个"世界首次"，

---

[1] 吴月辉：《为祖国海疆装上"千里眼"》，《人民日报》2019年1月9日第6版。

首次实现自由量子态的隐形传送、首次实现纠缠态纯化以及量子中继器试验、首次实现两粒子复合系统量子态隐形传输。量子通信、量子计算、量子精密测量等量子信息技术能够从根本上解决国防、金融、政务、商业等领域的信息安全问题，将为保障国家安全、支撑国民经济可持续发展，提供核心战略力量。2020年，潘建伟团队联合相关团队，基于"墨子号"量子科学实验卫星，在国际上首次实现了基于纠缠的千公里量子密钥分发；其团队研制的量子计算原型机推动全球量子计算前沿研究达到新高度。

虽然经过多年努力，我们国家的科技水平已经在世界高科技领域占有一席之地，但实事求是讲，我国基础科学研究与欧美发达国家还存在一定差距，比如，缺少推动学科发展的重大科学发现，鲜有能引领产业变革的原理性突破，缺乏破解制约发展的关键科学问题的知识积累，创新氛围不足等。[1]在中国走向世界舞台之际，"海归"科学家不仅发挥着重要的作用，而且参与乃至主导国际最先进的基础科学的研究。在接受记者采访时，潘建伟曾坦言，"现在各个国家都在做量子通信的发展规划，十年前，我们选择了从基础研究起步的艰难道路，掌握了核心技术，等到了产业化阶段就不太会遇上'卡脖子'的问题了！"

随着中国量子通信、载人飞船、月球探测等科技成果的逐渐显现，像潘建伟这样扎根基础科学研究的"海归"科学家开始走入大众视线。王贻芳带领的大亚湾中微子研究团队耗时10年，开创了我国中微子实验研究，带领中国的中微子研究达到新高度；薛其坤的团队首次从实验中观测到"量子反常霍尔效应"，著名物理学家杨振宁称其在《科学》杂志所发表论文为"诺贝尔奖级的

---

[1] 吴月辉：《5年来我国科技成果刷屏 新时代科技创新啃硬骨头》，http://news.cctv.com/2017/10/27/ARTI7gsiMCuDrCIEvXqPjKJj171027.shtml，2017年10月27日。

物理学论文",这项重大基础物理学成果,被认为"很可能引发一次信息技术革命",改变不同的行业,乃至全人类的生活方式。

英国《自然》杂志以《量子之父》为题对年度十大科学人物入选者潘建伟进行了报道,文章第一句这样写道,"在中国,人们称他'量子之父'。在他的带领下,中国成为远距离量子通信技术的领导者。"回看历史,欧美国家的崛起与其基础科学水平的提高有非常大的关系。几乎所有重大的技术创新和发明创造,都有赖于基础研究创造的重大发现。没有热力学、牛顿力学以及麦克斯韦的电磁学等科学作为基础,两次工业革命无从谈起。大量的"海归"科学家扎根基础科学研究,投身重大科研与建设项目,为缩短中国与国际科研水平的差距做出了卓越贡献。

三 打造"国之重器"

2017年5月5日,中国首架具有完全自主知识产权的大型客机C919,在上海浦东国际机场首飞成功,实现了国产客机的重大突破。这一刻,作为C919背后重要的技术支持人员的李东升,激动不已。早在20世纪60年代,我国就开始有关于自主制造大飞机的梦想,80年代初,我国研发的"运十"还曾飞上蓝天。但是由于资金、技术、人员等困难,我国放弃了自主研发,一直通过与波音和空客合作来发展航空工业。进入21世纪后,党和国家站在时代和全局的高度做出了重新发展大型客机的重要战略决策,这也为李东升等长期在国外从事航空技术工作的游子提供了千载难逢的机会。

李东升1986年远赴英国留学,获得了布里斯托大学航空系博士学位并进行博后研究。毕业以后,李东升一直在英国宇航(British Aerospace)、欧洲空客(Airbus)等世界顶级的航空企业工作,具有丰富的工作经验。在英国生活了多年的他,一直心系祖国。2008年5月,中国商用飞机有限责任公司成立,这个消息让他兴奋不已。2009年李东升回到中国，加盟中国商飞，参与到大飞机的研制工作中。在谈及回国的原因时，李东升说："祖国让我感觉到强烈的归属感。在我的有生之年，能亲自参与中国大飞机事业，不仅是我梦寐以求的事，更是我们这一代人多年的梦想。"[1]

回国后，李东升相继参与了ARJ21-700、C919等型号的飞机研制工作。他领导的中国商飞大型客机复合材料机翼研制攻关项目团队（IPT），在机翼复合材料研制技术上取得了关键性突破，为飞机的研制提供了技术支持。除了带动技术突破，李东升还推动了航空领域项目管理和人才组织的建设工作。"我们的目标是出机制、出人才、出成果。既要在机翼复合材料研制技术上取得关键性突破，又要形成一种跨专业、跨集团甚至跨国家的项目管理机制，还要培养一支在复合材料研究领域有一定研发技术沉淀和实际应用经验的技术人才队伍。"[2]

"大飞机"是衡量一个国家的科技水平、工业水平以及综合国力的重要标志之一。当今，全球只有美国、欧洲四国与俄罗斯有制造大飞机的能力。C919飞上蓝天，并且跻身国际大型客机市场，这意味着中国人同样能进入高附加值的工业领域。C919代表的并不仅仅是"大飞机"这样一个产品，作为现代工业的"皇冠"，大型客机制造对民用航空产业以及现代工业的带动效应十分显著。从提升现代工业水平的角度看，一架商用飞机大约由300万至500万个零部件组成，这些零部件来自数千个供应商。这就意味着可能带动诸如新材料、现代制造、先进动力、电子信息、自动控制、计算机等领域关键技术的群体突破，以及诸多基础学科的重大进展。

---

[1] 袁于飞：《为祖国造大飞机》，http://news.youth.cn/jsxw/201709/t20170907_10663988.htm，2017年9月7日。

[2] 袁于飞：《为祖国造大飞机》，http://news.youth.cn/jsxw/201709/t20170907_10663988.htm，2017年9月7日。

全球最大且最灵敏的射电望远镜首席科学家李菂、"驾驭蛟龙号"的"深潜英雄"崔维成、连续两次获得国际超算应用领域最高奖——"戈登·贝尔"奖的付昊桓，国际空间研究委员会（COSPAR）、国际日地物理委员会（SCOSTEP）最高奖项获奖者宗秋刚……这些"海归"科学家是我国科技创新领域非常活跃的一股力量，他们的付出与贡献推动着我国科技领域的日渐领先。经过四十余年的发展，我国科研实力整体已经得到了大幅度的提升，不仅在基础研究领域不断突破，频频问鼎国内外大奖，还使得越来越多的科技成果转化为产品，维护国家和社会安全。相关科技成果应用于人们的日常生活，推动了社会的全面进步，而这背后离不开的是"海归"科学家的默默奉献。可以说，当代"海归"人才赶上了一个伟大的时代，更肩负着科技创新、科教兴国的历史使命。

第二节　教育改革

改革开放以来，我国高等教育实现了跨越式发展。全国普通高等院校从1978年的598所增加到2020年的2738所，本科、专科招生从40万人增长到超过967万人，成为世界高等教育发展史上的一大奇迹。[1]虽然中国高等教育取得的成绩是显著的，但目前高等教育仍无法满足国家对创新人才培养与经济社会发展的迫切需要。

研究显示，新中国刚成立时，我国69所私立高等学校全部转为公立学校，此后30年间，我国没有民办高等教育机构。从20世纪80年代起，民办高等

---

[1] 中华人民共和国教育部：《2019年全国教育事业发展统计公报》，http://www.moe.gov.cn/jyb_sjzl/sjzl_fztjgb/，2020年5月20日。

教育才逐渐恢复，但一直处境尴尬。民办高等教育院校的地位远不如公立大学，公立大学在"一本"院校中一直是"一家独大"的存在，而民办高校只有民办"二本"和"三本"院校两类。与之形成鲜明对比的是，在美国，大名鼎鼎的哈佛大学、耶鲁大学、斯坦福大学等在内的私立高校数量占高校总数的半壁江山；在日本，早稻田大学、庆应大学等私立大学约占全国大学总数的80%。[1]

实现高等教育的多样化发展，为中国高等教育注入新鲜血液，一直是施一公的抱负所在。他曾表示，自己辞去普林斯顿大学的教职归国，理想就包括可以与志同道合者共同推动中国科教体制的改善。[2]

2015年3月，施一公联同陈十一、饶毅、钱颖一、潘建伟、张辉和王坚等七位"海归"人士正式向国家提交《关于试点创建新型民办研究型大学的建议》。该发起人的阵容堪称豪华，包括中国科学院院士、清华大学副校长、北京大学前副校长、九三学社与全国工商联副主席、"海外高层次人才计划"中坚力量以及阿里巴巴技术高管……消息一出，便引起社会广泛关注，该建议也在不久之后获得国家支持，浙江西湖高等研究院于2015年12月1日正式注册成立。2018年，西湖大学获得教育部批准，中国第一所民办研究型大学正式成立，中国民办研究型大学迎来了新曙光。

西湖大学被认为是"探索适合中国国情的科研教育体制机制"的一次尝试。从提出建议到正式成立，它注定将在中国民办高等教育发展史中留下重要印记。西湖大学肩负着社会各方的期待，为此，施一公主动辞去了清华大学的

---

[1] 邓晖，晋浩天，陆健：《中国高等教育多元化改革再破局》，http://www.xzrbw.com/info/1202/193057.htm，2018年4月3日。

[2] 邓晖，晋浩天，陆健：《中国高等教育多元化改革再破局》，http://www.xzrbw.com/info/1202/193057.htm，2018年4月3日。

一切职务,全心投入到西湖大学的管理中来,并称"办好西湖大学是我肩上义不容辞的责任。人生为一件大事而来。西湖大学就是我生命中的这件大事,我已经做好准备,毫无保留地付出我的全部心力,以不忘初心、无问西东的务实态度,带着全社会、国家、政府和全体师生员工的重托,使西湖大学成为国家和民族的骄傲。"[1]

与施一公共同递交《关于试点创建新型民办研究型大学的建议》的七位"海归"人士中,陈十一是南方科技大学的第二任校长,他带领着南科大努力打破传统公办高校管理的传统,坚持以"学分制、书院制、导师制,国际化、个性化、精英化"为核心和特色的拔尖创新人才培养模式。在进行高精深研究,做源头创新的同时,可以把人才引进与培养和国家以及深圳的实际发展需求结合起来,将技术应用于市场,把学生培养成促进国家发展的创新者与驱动者,在发展中探索建立具有中国特色的现代大学制度。2020年,南科大迎来的第三任校长薛其坤同样是一位"海归"人士。至此,从首任校长朱清时开始,南科大这一"中国高等教育综合改革试验田"始终在"海归"校长的带领下探索着"南科大之路"。

与施一公共同递交《关于试点创建新型民办研究型大学的建议》的七位"海归"人士中,钱颖一曾担任清华大学经管学院院长十二年。成立于1984年的清华经管学院,首任院长是朱镕基,学院以"创造知识,培育领袖,贡献中国,影响世界"为使命。国内外知名大学丰富的求学经历与执教经验,让钱颖一十分熟悉国内外教育的实际情况及中国教育的问题所在。在担任院长的十余年间,他积极探索、深度推行高等教育改革,坚持推动学院的国际化,引进了

---

[1]《施一公在南方科技大学毕业典礼上的发言:立德立言,无问西东》,http://m.thepaper.cn/kuaibao_detail.jsp?contid=2262553&from=kuaibao,2018年7月13日。

约百名具有海外博士学位的教师，实现英文授课，率先获得国际高等商学院协会和EQUIS欧洲质量发展认证体系两大国际顶尖商学院的认证。2016年底，在中国经济学奖颁奖仪式上，吴敬琏曾感慨道，"这些年来，钱颖一忙于清华经管学院的院务管理，这无疑减少了他用在经济学上的精力，但我们收获了一位教育学家。"

"清华学堂计算机科学实验班"（简称"姚班"）由世界著名计算机科学家姚期智于2005年创办，致力于培养与美国麻省理工学院、普林斯顿大学等世界一流高校本科生具有同等、甚至更高竞争力的领跑国际拔尖创新计算机科学人才。为了培养真正有创造力的一流科学家，姚期智付出了很多心血：为"姚班"制定培养方案，编写教学计划，融合世界重点大学计算机教育的先进方法，为学生精心准备专业课程，亲自担任多门课程的主讲……十多年下来，为国家培养了大批优秀的计算机人才，他们现在有的执教国内外一流高校，成为科研带头人，继续为国家培养人才，有的则成为行业佼佼者，在业界引领全球信息革命创新浪潮，比如旷视科技的三位创始人印奇、唐文斌、杨沐，还有小马智行的创始人楼天城均出自"姚班"。

借鉴国际经验，推动中国高等教育改革，探索适合我国国情的、兼容并包、百花齐放的教育体制和科研模式，构建现代化高等教育制度，助力中国高等教育更好地承担全球使命，这是施一公、薛其坤、陈十一、钱颖一等"海归"们的抱负，也是他们正在努力的方向。

高校作为人才培养的主要基地、集聚人才的战略高地，承担着培养人才、知识创新的历史重任，高层次人才队伍建设显得尤为重要。CCG根据教育部直属76所高校数据统计结果，海归在高校校长中占比约54%，如北京大学校长郝平，复旦大学校长金力等。改革开放以来，大批留学回国人员进入高校，产生了一批中国高校的学科带头人和学术骨干力量。海归们建设新的学科，建立新的学院，引入新的教育理念，推动高校教育改革，为中国高校注入了新鲜的血液，带来了世界前沿的学科与知识，先进的教育理念与治学方法，很好地提升了中国在国际学术界的地位。

第三节　文化体育

海外留学人员的回归带来了许多新思维、新理念，不仅推动了我国思想文化市场的繁荣，也将更多的中国元素传递给世界，让世界听见更多的中国声音，在一次次的东西方跨越中，广大留学人员承担了东西方文化交流使者的使命。他们将中华文化与西方文化中共通的精髓部分提炼升华，让全世界看到和理解中华民族文化中的璀璨。

2013年10月28日，在纽约联合国总部达格·哈马舍尔德图书馆礼堂，时任联合国秘书长潘基文将"联合国和平大使"称号授予郎朗。这是历史上最年轻的"联合国和平大使"，也是获得此项殊荣的第一位中国人。潘基文表示，"在过去的10年里，作为联合国儿童基金会国际亲善大使，郎朗通过独一无二的才能去接触和鼓励全世界的观众共同帮助改善孩子们的生活。我非常高兴郎朗同意继续将他的才华贡献于联合国更广泛的工作当中，也是目前联合国最关键的工作之一，那就是推动全球教育事业的发展。""钢琴是件国际乐器，不带种族色彩，谁都能弹，外国人听到中国的《茉莉花》曲子也觉得挺有意思。所以，帮助美国当地人包括华人接受音乐教育，不仅可以传播中国文化，也能一定程度上化解世界矛盾。"音乐作为一种文化形式，是文化传播的重要载体。作为中国钢琴演奏家，郎朗将中国元素注入钢琴演奏中，到世界各地演出，如在奥巴马总统荣获诺贝尔和平奖庆典上、白金汉宫英国女王钻石庆典音乐会上演奏……他让古典音乐在国际乐坛刮起一股"旋风"，丰富了世界对中国故事的想象，获得国际上的认可，成为中西文化交融的生动体现。

这些年，在中国体育界效力的"海归"教练、运动员已经很多，中国运动员也大批出国留学或执教，形成不少有影响力的中国海外兵团。与此同时，来到中国的海外教练与运动员也不在少数。这一切对于中国体育事业的蓬勃发展意义重大。

2020年随着电影《夺冠》的上映，女排精神再次燃爆。提到女排，就离不开郎平的名字。36年前，1984年夏季奥运会，在美国洛杉矶，中美女排巅峰对决的关键时刻，身穿1号中国队服的主攻手郎平率领中国队在关键时刻击溃美国女排防线，以3:1战胜美国，帮助中国队首次获得奥运冠军。她和球队一起，从亚洲冠军到世界杯冠军，再到奥运冠军，实现中国女排"五连冠"的辉煌，毫不夸张地说，这一成绩至今无人能够比肩。

作为女排教练，郎平数次拯救中国女排于危难之时，也成为中国女排诞生奇迹的代名词。她在中国女排最困难的时期，主动接下了中国女排主帅的职务，在2016年里约奥运会上，率领着年轻的女排队员在里约奥运会上重夺失落了12年之久的奥运冠军。

郎平在亚洲、欧洲、美洲打球，在职业队和国家队执教的丰富阅历，让她见识了不同文化与排球的智慧，这为她以国际化视野带领中国女排重返巅峰奠定了基础，可以说，她为闭塞的中国排球打开一扇窗，让国内看到了中国排球与世界先进水平的差距。

如果说"海归"人才在科技教育领域是走上前台，其贡献是有形的话，那么，在文化体育方面的贡献则更多是无形的。他们在很多时候充当了中国对外交往的体育、文化大使。比如作为申奥大使，杨澜曾两次代表中国申请奥运会主办权。她还是国际特殊奥林匹克全球形象大使，2010年上海世博会形象大使，联合国儿童基金会首位中国形象大使，在众多国际舞台展示中国形象，将自信、乐观、关爱等美好价值传递给全世界，成为中西交流的重要纽带。

第四节　卫生医疗

2020年以来，新冠肺炎疫情席卷全球。在当年2月召开的第56届慕尼黑安全会议上，世界卫生组织总干事谭德塞指出，"中国为控制疫情所采取的强有力防控措施令人鼓舞，中国为世界防控疫情赢得了时间。"

在这场百年不遇的全球新冠疫情大考验中，涌现出大量的"海归战斗者"，他们在最危急的关头始终恪守着职业准则，用专业、客观与实事求是的科研精神应对抗疫工作带来的巨大压力，他们有提议建"方舱医院"、提倡"应收尽收，应收早收"的北京协和医学院院校长王辰；用"最接地气"的方式向广大人民群众科普COVID-19防疫相关知识，网民心中的"硬核"医生张文宏；日夜奋战在抗疫第一线，率领检测队共检测样本2278例的北京协和医学院教授吴晨……当新冠肺炎疫情肆虐之际，他们第一时间奔赴疫区，指导医疗救治，建议并参与制定新冠肺炎防控政策，不顾生命危险救治危重病人，抓住疫情防控与救治的要害，关键时刻做出关键之举。

在这次疫情中，84岁钟南山院士的一举一动牵动着全国人民的神经。无论是在赶往武汉的高铁餐车上的照片，还是证实新冠肺炎"人传人"现象的发言，他每一次的出现，就仿佛一剂社会情绪的镇定剂。这种信任来自钟南山在抗击"非典"时期所起的领军作用。17年前，当"非典"疫情在中华大地上肆虐且病因尚不明了之际，他带领团队奔赴疫区指导医疗救治工作，夜以继日地救治危重病人，主持制定"非典"等急性传染病诊治指南。那一年，他跑了全球16个国家和地区，以一线医学研究者的身份向世界讲解中国如何应对"非典"，这一做法让钟南山成为中国的一扇窗户、一面推动中国公共卫生建设的旗帜。

其实，在"非典"疫情之前，中国并没有应对突发公共卫生事件的预案，也缺乏突发公共卫生事件的认定与分级标准。2003年5月，国务院出台了《突发公共卫生事件应急条例》，这部法规条例被认为是"公共卫生事业的转折点"。也正是这一年开启了中国现代应急管理体系的"元年"，推动着中国突发公共卫生事件应急管理体系的跨越式发展与变革。

就在同一年，远在美国的刘远立说服哈佛大学校长，成立"中国卫生系统培训中心"，帮助中国卫生系统培训专业人员。10年间，该中心共帮助中国培养厅局级干部、医院院长700余人。2013年，刘远立放弃在美国20多年的积累，全职回国，参与了我国加强农村基层医疗卫生服务体系和药品流通领域体制改革的顶层设计。刘远立推动汶川建成了全国第一个全民健康示范县，将"大病早治疗，小病早预防"的健康理念推广到基层。现在，在汶川，移动诊疗车已经开到了田间地头，彩超、两癌筛查等功能齐全，村民们在家门口就可以进行两年一次的全县免费体检。

从20世纪40年代起，以林巧稚为代表的"海归"医生们在艰苦的条件下造福了成千上万位患者，他们为中国医疗事业的发展作出了不朽的贡献。如今，越来越多的"海归"人才正涌现在中国卫生医疗领域，他们将海外的新技术、新疗法引进国内，同时结合中国国情加以创新，不断为中国医疗卫生事业注入新鲜血液，一大批留学归来的人才正在成长为中国卫生战线的中坚力量。

第五节　公益慈善

2017年，高瓴资本创始人张磊宣布向其母校中国人民大学捐赠3亿元人民币，设立"中国人民大学高瓴高礼教育发展基金"，用于推动学校与世界著名高校开展合作，支持学校引进和建设世界一流的师资队伍，培养复合型顶尖人才，同时为学校新设创新交叉型学科提供长期支持。2018年，李彦宏、马东敏夫妇向北京大学捐赠现金和实物共计6.6亿元，用于支持北京大学领先学科和人工智能交叉领域的研究探索。同年，马东敏又向中国科学技术大学捐赠1亿元，用于"少年班"人才培养与学科建设。除了直接捐资赠物支持高校前沿科技教育科研事业，李彦宏还以科技助力公益，用领先的互联网技术为慈善事业提供帮助。百度的AI技术重点接入了多项与公益绑定的小程序，如AI寻人自2016年上线寻人应用起，至今平台已发起超过20万次照片比对，帮助超过6700个家庭获得团聚。随着百度布局AI的深入，其技术水平的不断提升也将促进更多公益项目高效化运作，为慈善挖掘更多可能性。

　　张磊、李彦宏只是众多"海归"企业家投身公益事业的一个缩影。近年来，公益领域的"海归"企业家数量日渐增多，成为公益事业领域的一股新力量。西方完善的捐赠制度和文化让海外留学人员耳濡目染，让他们意识到创造社会价值、共享发展的重要性，回国后，他们通过不同的方式参与到国内的社会公益慈善事业当中。许多"海归"企业家在投身公益前已经事业有成，能够集合自身在海内外的资源创立公益基金会，为公益事业的资金来源提供了坚实的保障；也有许多"海归"企业家在国外接触到了更加全面的发展思维，他们利用自身的管理能力与广泛的交友圈将国外的公益资金包括模式引入中国。慈善公益事业与"海归"企业家总是有着天然的联系，观念超前，使他们容易接受公益理念；国际背景、视野开阔，使他们管理更科学、运作更专业。中国公益事业正在不断壮大，这其中也有着"海归"企业家的执着与努力。

第六章　激荡中国创业潮

改革开放以来,中国发展成为世界上最具活力和增长潜力的国家。国内经济的发展为以自费留学为主体的留学活动奠定了基础,庞大的市场、利好政策的吸引也使得大量优秀留学生在完成学业后选择回国发展,从而开创了回国创业潮。在"大众创业、万众创新"的背景下,"海归"群体以国际化的视野和富于冒险的精神,在国内"双创"领域扮演着重要而独特的角色。

第一节　弄潮互联网

当互联网的浪潮在西方初泛微波之时，中国就准确地把握住了这次历史机遇。1993 年美国宣布实施"信息高速公路"计划，次年，中国政府决定让互联网落地中国。中国通向互联网世界的大门乍开，嗅到先机的"海归"们便开始了行动。在他们的努力下，20 多年间，中国成为互联网行业的革故鼎新的引领者，站在了数字化浪潮前沿。根据《2019 年互联网趋势报告》显示，在全球市值前 30 位的互联网公司中，中国占据了 7 个名额，其中，阿里巴巴、腾讯、美团、京东、百度、网易、小米纷纷上榜[1]，成为中国企业在世界的闪亮新名片。

一　阿里巴巴

在阿里巴巴，有"马云成功背后的男人"之称的蔡崇信，拥有耶鲁大学经济学士和法学博士学位，是阿里巴巴集团的创办人之一。1999 年，他放弃 580 万年薪的工作，投入阿里巴巴麾下，每月只拿 500 元工资。蔡崇信加入公司时即担任首席财务官，当年作为"先遣部队"成立阿里巴巴集团香港总部。他精通法律和财务，熟知国际投资惯例，为阿里与国际企业的合作提供了便利。从帮助公司明确员工持股制度，实现公司规范化运作开始，到为公司引入风险投资，帮助企业渡过创业初期的寒冬，再到为公司的每一次重要增资、每一次标志性交易的亲自操刀，他助力阿里巴巴坐稳中国第一大电子商务的宝座，并成功推动阿里纽交所挂牌，募集资金高达 250.2 亿美元，成为美国市场上有史以

---

[1] 参见《2019 年互联网女皇趋势报告》，https://tech.qq.com/a/20190612/000306.htm#p=1，2019 年 6 月 12 日。

来规模最大的 IPO 交易。

2019 年，阿里巴巴技术委员会主席王坚的名字出现在中国工程院院士增选名单上，这在中国互联网行业历史上尚属首次。王坚被外界称为"阿里云之父"，是我国自主研发云计算操作系统"飞天"的提出者、设计者与建设者，推动中国 IT 产业从 IOE[1] 向云计算转变。"飞天"曾获得中国电子学会 15 年来第一个科技进步特等奖，成为我国云计算核心关键技术自主创新成功实践的典范。王坚当选院士也意味着民营企业科研力量逐渐成为国家科技能力的重要组成部分。

二 百度

1991 年，23 岁的李彦宏收到了来自美国布法罗纽约州立大学计算机系的录取通知书，随后便开始了 8 年的美国学习和工作。在美国的这些年里，他亲身经历了美国 IT 业，尤其是搜索引擎技术改变美国社会的过程，于是心里默默滋生出一个梦想：用自己开发的技术改变亿万国人的生活，改变世界。1999 年，李彦宏携带从美国硅谷两个风险投资商那里获得的 120 万美元回到国内，创立百度，并一路带领公司成长为全球第二大独立搜索引擎、全球最大的中文搜索引擎。中国由此成为全球四个拥有搜索引擎核心技术的国家之一。近年来，百度将战略重点转向人工智能，用人工智能技术来改变和强化百度形象，积极布局新一轮的全球科技竞争，旗下"黑科技"产品——Dueros 和 Apollo 两大开放平台在智能语音和无人车领域相继落子。2016 年 10 月，百度被美国《财富》杂志评为包括谷歌、微软、Facebook 在内的全球四大 AI 巨头。2018 年，李彦宏登上《时代周刊》亚洲版的封面，被《时代周刊》称为创新者（the

---

[1] IOE 是指 IBM 小型机、Oracle 数据库和 EMC 存储。

innovator），并直言他正在帮助中国赢得21世纪。

在百度高管中，"海归"面孔高频出现。以张亚勤为例，在业界人士看来，张亚勤的百度5年任职可谓"使命达成，功成身退"。在百度任职的时间里，他首次提出公有云"ABC"概念，即人工智能（AI）、大数据（Big Data）和云计算（Cloud Computing）三位一体，这一理念得到业界的认同与追随，将公有云应用从1.0阶段带入2.0阶段。他还在博鳌亚洲论坛上率先提出"互联网+"的下一站是"智能+"。如今，"智能+"已经被写进了政府工作报告。离开百度后，张亚勤把精力投入到培养人才中。2020年12月，清华智能产业研究院正式成立。这被认为是清华大学建设世界一流大学、创新学科与产业交叉融合的又一重要举措。张亚勤担任了研究院首任院长，他在接受记者采访时说道，"过去这么多年，我都在公司和产业做事，但其实我一直在思考如何通过培养人才、驱动产业来回报国家和社会……除了从事教学和科研，还有一个希望就是促进中美澳的学术交流，希望可以更好地促进国际科技合作交流。"

三 腾讯

作为"BAT"三巨头之一的腾讯早已在美国的硅谷和西雅图建立研究中心，积极吸收人工智能、机器学习、大数据等相关领域的全球顶尖科学家，特别是从谷歌、微软等全球顶尖科技巨头和麻省理工学院、斯坦福大学等全球顶尖大学手中高价抢夺华人科学家等国际人才。毕业于普林斯顿大学的张胜誉博士，加盟腾讯量子实验室并担任负责人；毕业于马里兰大学，曾获得美国爱迪生专利奖的郑冶枫博士加盟腾讯优图实验室……这一个个"海归"人才的加入无不彰显着腾讯对于"海归"人才科研能力的重视，也预示着腾讯进军尖端计算机科技并竞争未来市场的决心。"海归"人才在腾讯的管理层同样担任着重要职位，为其发展战略与管理模式引入了国际先进的理念。

现任腾讯总裁刘炽平，拥有美国密歇根大学电子工程学士学位，斯坦福大学电子工程与西北大学工商管理两个硕士学位。在加入腾讯之前，刘炽平曾在世界顶尖咨询公司麦肯锡担任管理顾问，后在高盛亚洲投资银行部电信、媒体与科技行业组担任首席运营官。在高盛任职期间，他参与了国企重组的标志性案例——广东粤海集团重组，这一经历为他未来在管理、经营上卓越的洞察力打下了厚实的基础。刘炽平的加入为腾讯重新整理了运营模式和重点业务，并搭建了腾讯自己的生态系统，同时为腾讯的投资做出了巨大贡献。在他的带领下，腾讯在2011年一年就进行了40多次对外收购，而此前11年腾讯对外并购交易才30多项。此外，腾讯最著名的入股企业京东、滴滴等都是由刘炽平亲自牵线并投资。

除了声名显赫的"BAT"三巨头，"海归"们在互联网大潮中打造着各自的精彩。比如为众多国家级重大安保项目网络安全保驾护航的启明星辰公司，就是由留美博士严望佳女士创建。由毛文超创立的"小红书"在短短数年一跃成为中国互联网"独角兽"，上线1年完成A、B两轮融资，成为未来品牌培育、老品牌焕新和国际品牌进入中国的重要一站。

搜狐网张朝阳、携程梁建章、智联招聘郭盛、美团王兴、拼多多黄峥、"完美日记"创始人黄锦峰……"海归"创业者在互联网创业潮中扮演着各式各样的角色。有的"海归"人才本身就是企业的创立者，成为企业的最核心人物；有的"海归"人才虽然不是企业的创建者，但他们带来了新的技术或管理理念，为企业的创立与发展起到了举足轻重的作用。他们取得的成绩与其自身的"创新价值"息息相关，而这份创新价值则主要来源于他们的留学生活。通过海外留学，他们接触到了更加先进的技术，体验到了不同的文化，并获得了更多的信息。在这样的留学生活中，他们培养出更强的洞察力，这份洞察力让有的人看到了未来市场竞争力的核心，有的人看到了未曾出现的新科技，还有的人看到了更高效、更符合当前环境的管理模式，这就是他们所拥有的创新价值。正是这份价值，使"海归"们为中国互联网行业的发展做出了重要贡献，从而创造出了在不断的多元碰撞中向前迈步的中国互联网。

第二节 资本引擎

1992年的中国，改革开放已经进行了十多年的时间，但当时还没有多少人知道风险投资这个概念。这一年，已经在International Data Group（IDG）工作的熊晓鸽决定在深圳举办一个风险投资论坛，让更多国人了解风险投资。论坛结束后，他接到了来自电子工业部的一通电话，邀请他为部里的司局以上领导做一次关于风险投资的讲座。时任电子工业部部长胡启立也出席了那次讲座，并对风险投资模式给予了高度肯定。来自政府主管部门的支持让熊晓鸽的事业驶入了快车道，这种支持对IDG在中国的发展非常重要。1993年6月，熊晓鸽带领IDG投资2000万美元和上海市科学技术委员会一起创立了在中国的第一家风险投资公司"太平洋技术风险投资（中国）基金"，熊晓鸽也因此成为最早将西方风险投资实践引入中国的企业家之一。[1]20世纪初，熊晓鸽将刚消耗完第一笔天使融资的张朝阳、手拿修改过6次商业计划书的马化腾、焦急地寻找A轮融资的李彦宏等企业家纷纷拉出资金短缺的泥沼，帮助他们成功渡过资金寒冬期，为这些企业日后的发展壮大奠定了基础，更深刻影响了中国互联网行业的整体格局。如今，IDG资本在全球投资超过700家优秀企业，百度、搜狐、当当、搜房、腾讯、携程、美图背后都有熊晓鸽这位伯乐的身影。

---

[1] 王辉耀主编：《百年海归 创新中国》，人民出版社2014年版，第432页。

在熊晓鸽等人的带动下，中国的风险投资行业蓬勃发展，软银中国、红杉资本等著名风险投资公司纷纷落户中国，推动了中国互联网等新兴行业的快速发展。

2005年9月，沈南鹏与从美国回来的张帆一起，在北京华贸中心36层成立了红杉资本中国基金，专注于科技传媒、医疗健康、消费品服务及工业科技四个方向的投资，开始将这家世界著名的风险投资基金引入中国，在这之前，他曾经参与创办了携程旅行网和如家连锁酒店。十多年下来，红杉资本中国基金已经投资了包括京东商城、阿里巴巴、蚂蚁金服、京东金融、今日头条在内的500多家企业，这些企业在风险投资的助力下已纷纷发展成为各自细分领域中的巨头。

就在红杉资本中国基金成立的同一年，从耶鲁毕业的张磊创建了高瓴资本，他继承并升华了沃伦·巴菲特以及恩师大卫·史文森的投资理念，关注超长期高价值的投资方案，第一笔投资就把大部分资金投在了腾讯，13年后，腾讯的市值从十几亿美元涨到了五千亿美元。2010年，高瓴资本投资京东2.65亿美元，这是当年中国互联网最大的单笔投资。四年后，京东赴美IPO时，高瓴持有的股权价值已经升至39亿美元。从腾讯、京东、百度、美团等新兴行业到百济神州、蓝月亮、美的、格力、百丽等传统行业，风险投资在深刻影响中国互联网产业格局的同时，也在实体经济转型和协同发展过程中发挥着重要作用。

2005年，通过华源科技协会促成雅虎与阿里的合作后，邓锋也回到了国内，在清华科技园内，创立了北极光创业投资基金。凭借稳健的投资风格与专注的投资策略，邓锋在十多年间助力不少企业脱颖而出，比如APUS Group、中科创达、美团网、华大基因、燃石医学等。邓锋是华源科技协会第三任会长，这家成立于1999年的协会在美国硅谷非常有名，美国《商业周刊》杂志曾将其称为"连接中国商界明星和美国的桥梁，"该协会以旅美中国大陆科技人才为主，宗旨是帮助中国的技术及商业专才开创事业，同时推动中美科技商业的交流。和邓锋一样，协会的前两任会长陈宏与朱敏也先后回国创业，以风险投资者的身份为中国新兴技术领域的创业者提供指导。

此外，还有新东方创始人之一，著名留学"海归"大潮推动者、真格基金创始人徐小平也在天使投资领域支持了很多年轻海归的创业成功。可以说，国内很多国际风险投资公司的掌门人都是"海归"，他们"点石成金"，引入来自国际的资本，带来新的投资方式。他们激发了国内对创业的热情，促进了一大批"海归"企业和国内中小企业的发展，同时也带动了国内风险投资行业的进步。正如一位风险投资人所言，风险投资除了为中国带来了钱，还肩负着三大使命：帮助创建一批世界级的中国企业、帮助培育一批世界级的中国企业家、帮助造就一批世界级的本土风险投资家。

第三节　"双创"主力军

在"大众创业，万众创新"的时代背景下，"海归"们凭借国际化的视野和富于冒险的精神，在国内"双创"领域扮演着独特而重要的角色，开创与引领着中国高科技创业潮。根据《中国独角兽企业研究报告2021》[1]显示，在251家中国独角兽企业中，由"海归"创业者创办或管理的[2]企业占比约为50%。这些独角兽企业分布在汽车、机器人、人工智能、集成电路、商业航天、智慧物流、电子商务、产业互联网、数字文娱、大数据、医疗健康、生活

---

[1] 参见长城战略咨询官网，http://www.gei.com.cn/schd/8306.jhtml。
[2] 这里的分析对象包括创始人、CEO、CFO、COO、CTO、CSO、CIO、CMO、CCO、CBO、CAIO。

服务、出行服务、金融服务、企业服务、在线教育、云服务等行业，多数应用大数据、互联网、人工智能等技术与传统行业相结合，助推中国在新一轮技术革命和产业革命中抢占制高点。这些独角兽企业的出现加强了工业互联网和产业互联网的建设，推动了物流、零售、服务、文娱等行业的数字化，促进了医疗健康、线上教育、房产租赁、出行服务、生活服务、金融服务等行业的人性化和便利化，引领了机器人、智能芯片、自动驾驶、人工智能、航空航天、新能源汽车等领域的技术进步，同时也引领着行业新模式，塑造着新的创业文化。

一 人工智能

在 CB Insights 发布的全球最有前景的 100 家 AI 初创公司名单上，位列"全球 AI 独角兽"首位的是一家成立于 2014 年、名为商汤科技的企业。这家公司的创始人为汤晓鸥，1992 年，其在美国麻省理工学院攻读博士时就开始接触人脸识别的算法。彼时的美国正处于人脸识别研究的高潮阶段，其标志性事件包括美国国防部下属的高级研究计划局 ARPA 成立了 Face Recognition Technology（英文简称：FERET）项目组，任务包括资助若干项人脸识别研究、创建 FERET 人脸图像数据库、组织 FERET 人脸识别性能评测等。该项目分别于 1994 年、1995 年和 1996 年组织了三次人脸识别评测，几种最知名的人脸识别算法都参加了测试，极大地促进了这些算法的改进和实用化。[1]

商汤科技自成立以来就表现不凡，依托于强大的深度学习平台和超算中心，商汤科技研发了一系列 AI 技术，包括人脸识别、图像识别、医疗影像识

---

[1] IDG 资本：《商汤科技：从实验室里一跃而出的全球 AI 独角兽》http://dy.163.com/v2/article/detail/EABENNNU05118AG7.html，2019 年 3 月 15 日。

别等，已经应用在智慧城市、汽车、地产、金融、教育、零售等多个行业。

被李开复称为人脸识别的四个"独角兽"，除了商汤科技，还有旷视科技、云从科技和依图科技，这几家人工智能企业均为"海归"创业者创办和管理。其中，云从科技创始人周曦师从美国工程院院士、计算机视觉之父——黄煦涛教授，专注于人工智能识别领域的机器视觉研究。旷视科技创始人印奇在美国哥伦比亚大学攻读计算机博士学位期间，创办旷视科技。依图科技创始人朱珑在美国加州大学洛杉矶分校师从霍金的弟子艾伦·尤尔（Alan Yuille）教授，从事计算机视觉的统计建模和人工智能的研究。以旷视科技为例，在2020年中国国际服务贸易交易会（简称服贸会）上，印奇创办的旷视科技亮相其中，展示了物流机器人自动完成分拣、称重、运送等一系列工作，同时，还为服贸会提供了一系列人工智能服务，从避免人员聚集、快速通过提升效率的刷脸通行，到无接触准确测温的智能系统，为服贸会的安全有序进行提供了安全保障，引发广泛关注[1]。

二 共享经济

共享经济是利用互联网平台将分散资源进行优化配置，通过推动资产权属、组织形态、就业模式和消费方式的创新，提高资源利用效率、便利群众生活的新业态新模式。国家信息中心发布的《中国共享经济发展报告（2022）》显示，2021年中国共享经济市场交易规模约36881亿元，同比增长约9.2%，其中，生活服务、知识技能、交通出行、共享办公、共享医疗等均实现不同程度的增长，呈现出巨大的发展韧性和潜力。[2]

---

[1] 孙亚慧：《服贸会上 海归亮相》，《人民日报海外版》2020年9月16日第10版。

[2] 参见《2021年中国共享经济市场交易规模超3.6万亿元》，http://www.gov.cn/xinwen/2022-03/16/content_5679292.htm，2022年3月16日。

《"十四五"数字经济发展规划》提出,深入发展共享经济成为数字经济新业态培育工程的重要内容,《"十四五"国家信息化规划》提出,把推动共享经济、平台经济健康发展作为信息消费扩容提质工程。可以预见,共享经济等新业态新模式在"十四五"时期将面临新机遇。在共享理念的影响下,共享经济正成为促进灵活就业、节约企业成本、助力中小企业数字化转型的重要推手。

　　在共享经济的大潮中,同样出现了很多"海归"人才的面孔,比如,通过共享办公助力创业者圆梦,带领企业登陆纳斯达克的优客工场创始人毛大庆;面向全国9200多家平台企业和6100多万名灵活就业人员提供共享经济服务的云账户创始人杨晖等人。

　　创业是改革开放后的留学生区别前辈留学生最显著的标志,他们恰逢中国开始走向市场经济的大时代,他们将大量高精尖技术和现代企业管理理念带回国内,通过引入风险投资、国际资本及各种新型融资方式,带来了多样化的产业选择,推动国内互联网、IT、通信、生物医疗、传媒、文化教育等新经济、新技术领域发展,在一定程度上"重塑"了中国。尤其是在"大众创业,万众创新"的时代大背景下,创业成为许多留学归国人员的重要选择。他们将资金、技术、管理、人才等众多要素综合高效地动态引进,引领中国经济跃上世界舞台。

第七章　　连接中西

　　改革开放以来，中国从封闭走向开放，影响着中国与世界的全球化进程。如今，中国留学人员遍布全球一百多个国家和地区，他们成为中国对外交流的民间使者，成为连接中国与世界的桥梁和纽带。当中国企业纷纷踏出国门之时，时代也赋予了留学人员新的历史使命，那就是帮助中国企业走向世界，推动中国企业成为真正意义上的跨国公司。

第一节 "全球 500 强"企业的中国"掌门人"

2017 年 8 月,麦当劳宣布完成与中信股份、中信资本控股及凯雷投资集团三方的战略合作项目。根据协议,新成立的麦当劳中国将获得中国内地和香港麦当劳的 20 年特许经营权。"接盘"麦当劳中国,让公司董事长张懿宸成为外界关注的焦点。张懿宸当年以全额奖学金在美国的著名中学菲利普斯学院上预科,并以优异的成绩同时被哈佛大学、麻省理工学院和斯坦福大学等知名高校录取。最后,他选择了麻省理工学院,毕业后在华尔街开始其职业生涯。在执掌中信资本之前,他曾任美林银行亚太区董事总经理,负责大中华区债务市场业务,为中国在国际金融界成功发行价值几十亿美元的债券。

我们发现,几乎所有在华跨国公司都有"海归"高管的参与。还有很多像张懿宸这样的"海归"高管成为"世界 500 强"的中国"掌门人"。

改革开放以来,特别是中国加入 WTO 后,全球众多跨国公司被中国庞大市场所吸引,纷纷进入中国。为迅速适应中国的经济、文化以及政治环境,跨国公司大多采取本土化策略,有过海外留学经历的人才对跨国公司的运营模式比较熟悉,同时对国内经济社会环境比较了解,自然成为跨国公司本土化的重要力量。跨国公司里的"海归"高管推动跨国公司对中国市场的关注,加大跨国公司对中国市场的投入,为中国带来了国际领先的技术、投资和管理模式,加快了跨国公司本土化进程。同时,跨国公司在中国市场的快速发展也促进了跨国公司业务与中国经济紧密融合,培养了大批国际化本土人才。比如微软亚洲研究院(MSRA)成立 20 多年来,就走出了无数传奇人物,其几千名校友中,很多已经成为引领当今学术界和产业界创新发展的中坚力量,其中包括阿里云之父王坚、小米合伙人林斌、金山原首席执行官张宏江、百度原总裁张亚勤、海尔集团原首席技术官赵峰、联想集团首席技术官芮勇、商汤科技创始人汤晓鸥、旷视科技首席执行官印奇等人。

改革开放后，跨国公司进入中国不仅带来了技术、资金与就业机会，也将中国纳入了全球产业体系。40多年后，我国继续坚持对外开放的基本国策，坚持打开国门搞建设，实施《中华人民共和国外商投资法》，保护外商投资合法权益，坚定跨国公司在华发展的信心。但近几年，欧美某些跨国公司存在对中国的营商环境评价偏低的现象，甚至认为中国在收缩开放的步伐，这些评价对中国继续扩大开放吸引外资造成了不利影响。这就需要跨国公司在华"掌门人"搭建好中外沟通的桥梁，做好相关工作，既要客观地向海外公司解释中国关于吸引外资的政策，让外界了解中国坚持扩大开放的国策，稳定跨国公司对华投资信心；同时，也要运用他们熟悉国内国外两个环境的独特经验，运行好跨国公司的中国子公司，以中国广阔的市场，让跨国公司看到在中国市场的发展前景，能够站稳脚跟并有利于实现企业的全球利益，从而推动跨国公司加大对华投资。

第二节　推动中国企业走向世界

在经济全球化大背景下，越来越多中国企业开始走出国门，寻求更广阔的世界舞台。与发达国家相比，我国企业对外投资仍然处在初级阶段，在对外投资的过程中，遇到了不少困难与挫折，出现诸多水土不服的症状，失败率较高效益比较低。[1]只有了解东西方文化差异，熟悉国际市场的游戏规则，中国企

---

[1] 王金水：《我国企业"走出去"的问题与对策》，《上海市经济管理干部学院学报》2015年第1期。

业才可以"走出去",甚至"走进去""走上去"。"海归"人才在这方面大有可为,他们或是直接以企业管理者的身份带领企业走向海外,或是为中国企业"走出去"提供咨询协助,控制和减少风险,增加企业成功落地的可能性,从而帮助中国企业在世界立足。

一 中国企业海外发展的资本推手

带着"华尔街之子"光环的摩根大通是第一批进入中国的外资金融机构。2014年,李一加盟摩根大通,掌舵其在中国的业务。支持中国企业"走出去"是摩根大通的重要工作内容,"如果说中国企业是一艘航母,我们就是其走出去的侦察机和护卫舰队。"2015年,中国橡胶收购意大利轮胎制造企业倍耐力,高达83亿欧元的交易中,摩根大通担任了中国橡胶的财务顾问,同时为该交易提供价值68亿欧元的过桥贷款。2016年,中国化工收购瑞士先正达,高达430亿美元的交易,摩根大通是先正达的牵头财务顾问。

随着中国企业不断走出国门,境外并购活动日益增多,在一系列海外并购中,都涌动着"海归"投行家的身影。比如,新任法国兴业银行(中国)有限公司董事长的成长青,就曾成功主导完成包括中石化25亿美元在西非油田并购案等数百亿美元的跨国融资及并购交易。可以说,"海归"投行家是中国企业海内外并购的见证者和推动者,他们熟悉国际资本市场游戏规则,擅长利用资本力量,通过自身的专业技能、国际化视野以及对东西方文化的深入理解,助力中国企业海外发展。

二 驰骋华尔街

在经济全球化浪潮中,有一个十分突出的标志,那就是全球金融市场的形成与相通。在全球化时代能否利用好国际金融市场,接受国际投资人的检验,实现在国际资本市场上融资，不单单代表着一个国家的经济开放程度，也是检验这个国家的企业家群体国际化运作能力的重要标杆。

境外上市成为很多国际化企业的选择。在海外上市的中国企业中，创始人或管理层很多都具有海外留学背景。

2000年，张朝阳将三大门户之一的搜狐带到了纳斯达克敲钟上市。

2003年，梁建章带领携程在纳斯达克上市，成为互联网泡沫破裂后，沉寂三年多后第一家登陆纳斯达克的中国概念股，并引发了新一波中国企业海外上市热潮。

2005年，李彦宏带领百度在美国纳斯达克上市，一举创下美国股市两百多年历史上外国公司的首日最高涨幅纪录，美联社大呼"震惊华尔街"。

2011年，刘爽领导凤凰新媒体在纽交所上市……

时至2020年，全球新冠肺炎疫情、中美关系紧张等不利因素并没有浇灭"海归"企业家们带领企业赴美上市的热情。从年初到年终，臧敬五带领天境生物、俞昌带领安派科、汉雨生带领燃石医学、蒯佳祺带领达达集团、黄锦峰带领"完美日记"……从生物医药到生活消费，这些中国企业在"海归"企业家的带领下可以说是轰轰烈烈驰骋华尔街，勇闯国际资本市场。

中国企业通过在国际资本市场上市，不仅融到了资金，更为自身的发展创造了一个国际化的平台，而且借此得到了吸纳新技术、新人才和新战略合作的机会，同时，改进了公司治理与经营架构，提高企业竞争力以及在国际资本市场的良好品牌形象，推动新技术以及传统产业的创新发展，在全球标准制定以及未来产业发展中起到关键作用。这种"里外镀金"的发展路径为将中国企业锻造成真正的国际化企业打下了坚实基础。

三　企业国际化的推动者

2013年，中国对外直接投资首次突破千亿美元大关，2014年，中国双向投资首次接近平衡。如果加上第三地融资再投资，以全行业对外投资计算，那么中国于当年就已成为净资本输出国。2016年，中国对外直接投资更是史无前例地站到了1832亿美元的历史高点。越来越多的中国企业开始踏上海外发展之路，从偏安一隅到走向全球，对外投资覆盖了全球大部分国家和地区，涉及国民经济的大多数行业。随着"出海"企业队伍的壮大，人才难题开始越来越多地落到了中国企业的头上。国际化人才是企业对外投资与跨国经营能力的关键所在，中国企业若想成为真正的世界一流企业，必须具备国际化人才，而"海归"群体恰恰是这样的一群国际化人才，处于不同行业的他们，直接或间接地成为中国企业国际化发展的有力推手。

作为全球市值最大的银行——中国工商银行（以下简称工行）一直在推进国际化战略。2010年4月19日，工行发布董事会决议公告，原德意志银行（中国）有限公司（以下简称德银）董事长张红力正式被聘任为工行副行长。这是中国第一次从外资银行延揽人才出任国有大型银行高管，对整个中国金融界来说都具有重要意义。

任职德银期间，张红力直接推动并成就了德银在华的一系列战略布局，德银环球银行业务全球总裁麦克·科尔曾评价称"张红力为德意志银行环球银行业务亚太区平台的发展和中国的业务发展都做出了重大的贡献"。

张红力拥有丰富的国际银行管理经验，对国内市场的情况又特别熟悉，这些背景与工行的国际化战略不谋而合。加盟工行后，他充分发挥熟悉海外金融业情况的优势，全力推进工行的海外布局：2011年，工行在法国、比利时、西班牙、荷兰和意大利五国同期设立分行，在短时间内迅速填满欧洲市场的空白；2012年，工行完成对美国东亚银行80%股权的收购，实现了中资银行在美国控股收购商业银行零的突破……在他的带领下，工行以国际化为基本战略，坚持"互联网布局"和"全球布局"两手抓，海外机构遍布在全球45个国家和地区，成为我国国有银行全球化发展的一张名片。

除了直接带领中国企业"走出去"，大量"海归掌门人"还通过法律服务、咨询服务等方式，或助力中国企业实现海外上市，或参与中国企业跨国经营，或参与企业海外并购业务，间接推动中国企业"走出去"。

20世纪90年代初期，受司法部深化律师行业改革的感召，王俊峰和几个同事创办了金杜律师事务所（以下简称金杜），致力于推动中国法律事业的发展。1999年，王俊峰进入加州大学伯克利分校读书，在读书期间，他也将金杜带到了海外。2001年，在美留学期间，王俊峰为了帮助在硅谷的华人高科技公司更好在硅谷立足，同时也帮助美国企业了解中国的法律市场环境，他在硅谷收购了一家当地的律师事务所，建立了在美国的第一家金杜分所，成功带领中国律师业走出海外。凭借对国内政策的准确理解，金杜很快获得了客户的认可，在美国站稳了脚跟。2002年，金杜成为北京奥组委唯一指定的中国法律顾问，全程参与了北京奥运会相关的所有法律事务。2004年，金杜在香港设立了办公室，成为首家获得司法部批准在香港设立办公室的中国律所。此后，金杜又先后在卢森堡、新加坡、英国等地设立办公室，并与澳大利亚万盛国际律师事务所等结成联盟，拓展全球业务版图。随着中国企业"走出去"步伐不断加快，金杜所正在全球为不同需求的客户提供法律咨询服务，运用在国际贸易与投资并购、国际仲裁等领域的实践经验，为中国企业提供专业的法律服务，为中国企业的全球化发展保驾护航。

当前全球化与逆全球化浪潮共同作用的大环境下，企业在全球化的过程中更容易遇到来自政策、资金与市场各个层面的阻力。但全球化依然是大势所趋，企业全球化的脚步不会停歇，广大留学"海归"人员在企业踏向国际的过程中也更加不可或缺,他们作为企业国际化的天然推手,将发挥更为重要的作用。

第三节　民间外交生力军

近年来,随着综合国力的显著提升,中国日益走近世界舞台中央,在全球治理体系中发挥的作用日渐凸显。但我们也感受到,在当前仍由西方主导的局势下,中国尚未掌握足够的话语权,无论是在外交政策领域,还是在树立形象方面,都遭受着许多偏见和误解。尤其当世界面临百年未有之大变局,在错综复杂的国际舆论环境下,推进中国故事和中国声音的全球化表达,具有时代紧迫性。

国之交在于民相亲。我国遍布全球的几千万华人华侨、几百万留学"海归"人员,是天然的"民间外交官",他们具备遍布全球的人脉资源优势、融通中外的传播优势,尤其是广大华人华侨熟悉住在国的历史、文化、习俗,加之与当地民众长期交往建立起来的亲近和信任,使他们传播的信息在驻在国政府和民众心目中更有说服力和感染力,是开展民间外交的可持续力量。

1987年,从中央戏剧学院毕业的余俊武背上行囊,远赴澳大利亚深造。身在异国他乡,他发现澳大利亚的白人对中国人的印象一直停留在会开饭馆、能吃苦、会赚钱,但不懂艺术。若想改变这种印象,就必须要把中国真正的艺术展现出来。于是他萌发了一个想法——将中华文化引入澳大利亚,让更多的人了解中华文化。在他获得悉尼"华声合唱团"艺术指导的职位后,便开始着手组织华侨华人排练我国著名戏剧家曹禺的经典作品《雷雨》。1988年,《雷雨》成功上演,在悉尼侨界引起了巨大反响。从此,一部部反映中华文化的戏剧接连在澳大利亚的土地上演:《吴王金戈越王剑》《小蜡笔》《马兰花》……余俊武也被澳大利亚政府赞为"填补了澳洲华人话剧史的空白"。

多年在异国他乡的漂泊让余俊武对在澳大利亚生活的华人有了深层次的认识和理解，他自编自导了反映澳大利亚华人移民生活的现代话剧《寻梦》。该剧在创作前期获得了澳大利亚多元文化委员会的支持，演出获得极大的成功，他也因此获得澳大利亚多元文化艺术委员会颁发的"艺术家创作"奖，成为第一位获此殊荣的华人导演。1993年，他担任大型文艺晚会《中华魂》的总导演，带领华裔艺术家，第一次登上悉尼歌剧院的舞台，向全世界展示中华文化的精华。

在澳大利亚生活30多年的余俊武，始终致力于传播中华文化，将中国文化艺术精华介绍给澳大利亚人民。他推动成立了澳大利亚华人文学艺术联合会，组织策划上百项大型文化活动，成功举办海外第一台春节联欢晚会，不仅为广大海外华侨华人带去中国文化的慰藉，也让中国文化在南太平洋地区发扬光大。余俊武说："我们很年轻的时候就离开了祖国，国家把我们培养成人，我们对国家没有任何回报，现在在海外传承和传播中华文化，就是我们对祖国最好的回报"。

同样致力于在海外传播中国文化的还有石巧芳夫妇。

在法国巴黎西郊的圣雷米市，坐落着一处典型的中国园林，这座园林的建造者石巧芳是一位致力于传播中华文化的旅法华人，她于20世纪80年代末赴法留学，在完成了凡尔赛建筑大学的深造后，开始从事园艺相关的工作。

20世纪90年代中期，她和丈夫开办了一家园艺公司，专门培植盆景，在企业经营的过程中，他们了解到在法国已有两座两百年以上的日本园林，而且法国人很崇尚日本园林，但对中国园林却一无所知。于是夫妻俩慢慢萌发了建造一座中国园林，将中国的园林建筑艺术介绍给法国人的想法，这样既可以将中国的文明展示给欧洲，也可以寄托旅法华人对国家的思念。

2004年，借助法国"中国文化年"的机会，石巧芳夫妇在巴黎建造了首个中华园林——怡黎园，并得到了驻法使领馆和法国华侨华人的大力支持。为了将中国园林原汁原味地搬到法国，石巧芳在中法两地来回奔波，将从中国搜集到的石头、花卉、树木等，一一搬进怡黎园，精心布置，最终一座充满中国元素的苏州园林在法国诞生。石巧芳建造中国园林的举动深深打动了在法国的华侨华人，他们集资在怡黎园内竖起了一座10米高的牌坊，一面刻着"阅华楼"，一面刻着"望乡石"，以此表达对祖国的思念之情。2007年，在收到牡丹之乡——山东菏泽送来的800株牡丹后，石巧芳又在园中另辟牡丹园，并在每年五月牡丹盛开时节举办"牡丹节"。

随着石巧芳夫妇以及旅法华侨华人的推广和支持，怡黎园的名气越来越大，逐渐成为展示中华文化的窗口，越来越多的法国和欧洲游客来到这里参观游览，举办活动，他们在这里了解了中国的园林艺术以及中华文化的多样性。通过在法国传播中国文化，石巧芳促进了中法之间的文化交流，为两国的友好交往和密切合作开辟了一条民间外交的道路。

在我们全球化智库（CCG）中，"海归"人员占了大半。这些年来，我们一直致力于发挥民间外交作用：在慕尼黑安全会议、达沃斯论坛、巴黎和平论坛、芒克辩论会、世界贸易论坛、雅典民主论坛等重大国际场合，通过参与辩论、研讨发言，举办边会等形式，发出来自中国民间智库的声音；在中美关系焦灼的特殊时期，远赴重洋，走访美国各大智库和商会，举办各类中美经贸研讨会，推动中美各领域专业人士的沟通与交流，通过智库外交"破局"，为保持中美之间的沟通和对话开辟宝贵渠道，此外，我们还将这些经历进行了一一记录，并结合我们的思考和总结，通过我们的新书《我向世界说中国》推出，希望可以为新的时代背景下更好开展民间外交，促进文明交流，贡献一份绵薄之力。2020年，苗绿博士还亲自发起了"国际青年领袖对话项目"（GYLD），为全球青年精英搭建起对话交流的平台，为全球性事务汇聚了更多国际化、年轻化、多元化的创新思考，促进世界各国之间的思想交流、平等对话，包容互鉴。2021年8月10日，习近平主席给"国际青年领袖对话"项目外籍青年代表回信，对他们积极到中国各地走访、深化对华了解表示赞赏，鼓励他们加强交流互鉴，为推动构建人类命运共同体贡献青春力量。习主席的回信，增强了我们将GYLD打造成具有国际影响力的青年领袖机制的信心。我们希望"国际青年领袖对话"项目可以吸引更多优秀的国际青年参与，为中国与世界搭建更多沟通桥梁，为中外文明交流发挥作用。

早在1913年，《申报》寄望留学回国人员"今日遇有外人来华者，导之使观我国数千年之良风美俗，及一切旧时之宝贵建筑、美术。半使中外感情日益敦笃，半使外人尊重我国之观念日以隆厚"。[1] 欧美同学会则以"修学、游艺、敦谊、励行"为宗旨，鼓励留学回国者继续研究其所学而又互相团结，担负起中西方文化交流的任务。

新中国成立后，广大留学人员在积极为国家现代化建设贡献智慧与汗水的同时，也充分发挥自身优势，积极从事民间外交活动。20世纪50年代，我国与苏联及东欧各国的外交；70年代，我国与美国、西欧及日本的外交，其中都不乏留学人员的身影。尤其是改革开放之后，留学回国人员更加注重与各国的民间友好往来，充分发挥了自身的桥梁纽带作用，与驻华使节、国外的学术机构、民间团体等保持着密切联系，增进相互了解。在欧美同学会成立100周年大会上，习近平主席提出，欧美同学会要做"开展民间外交的生力军"[2]，充

---

[1]《欧美同学会简史（二）》，http://tyzx.qingdao.gov.cn/n23595625/n23598128/n30092938/210119141401396071.html，2021年1月19日。

[2]《习近平在欧美同学会成立100周年庆祝大会上的讲话（2013年10月21日）》，《人民日报》2013年10月22日第2版。

分体现了我们国家对广大留学归国人员在民间外交工作方面潜力的肯定。

"在新世纪新阶段，民间外交的任务更加繁重、作用更加突出、舞台更加广阔"。[1] 全球化时代，广大留学"海归"人员在连接中西，共建人类命运共同体和促进民族和睦相处中都可以发挥独特优势。中国是全球化的受益者与推动者，在当下全球化遭遇逆流，中国所处国际环境异常复杂的时代，更需要每位"海归"人员、广大华人华侨扮演好民间外交使者的角色，向世界讲好中国故事，传播好中国声音。

---

[1]《习近平会见全国友协第十届全国理事会会议与会代表》，《光明日报》2012年5月16日第2版。

第八章 "海归"梦·中国梦

习近平总书记曾指出:"广大留学人员要把爱国之情、强国之志、报国之行统一起来,把自己的梦想融入人民实现中国梦的壮阔奋斗之中,把自己的名字写在中华民族伟大复兴的光辉史册之上。"由此可见,国家对留学人员的重视可以说是前所未有。在国际形势风云变幻的今天,越来越多的"海归"人才开始拥抱中国机遇,投身"中国梦"。

第一节 打造"海归"的"中国梦工厂"

留学回国人员是中国发展的重要力量,是我国宝贵的人力资源财富。为了更好地凝聚海内外留学人员,为中华民族在全球化时代的崛起贡献力量,还需要从优化"海归"人才就业环境、完善"海归"人才创业服务体系、充分发挥欧美同学会作用等方面入手,为"海归"人才打造"中国梦工厂"。

一 优化"海归"就业环境

随着自费留学人数急速攀升,留学大众化已成事实。"大进大出"的人才流动带回大量留学人员,年轻的"海归"们充实了国内的就业大军。从2000年仅9100名归国留学生,到2019年58万人的"海归"大军,"海归"人才的就业竞争已渐入白热化。头顶"海归"光环,仅凭一张海外镀金证书就能得到企业青睐的时代已渐行渐远,新时代留学回国人员的求职路并没有想象中那般顺畅。求职时间错过"校招"季、不熟悉国内就业市场需求、国内人脉关系较弱、不适应国内人情社会、难以获得发展机会、"海投"效率低下、不熟悉国内市场环境等问题都成为"海归"人才求职受阻的原因。基于出国留学的高昂费用,"海归"们往往对薪酬的期望值较高,导致期望薪酬和实际薪酬存在较大的落差。根据CCG调查发现,约63%的"海归"人才认为薪资水平"低于预期"(44%)以及"远低于预期"(19%)。不过,这个比率较2018年已有所下降。这一方面说明,"海归"人才在对国内就业市场的认识增加后,对薪资期待有所降低;另一方面也说明一些企业适当提升了"海归"人才待遇,如图8—1所示。

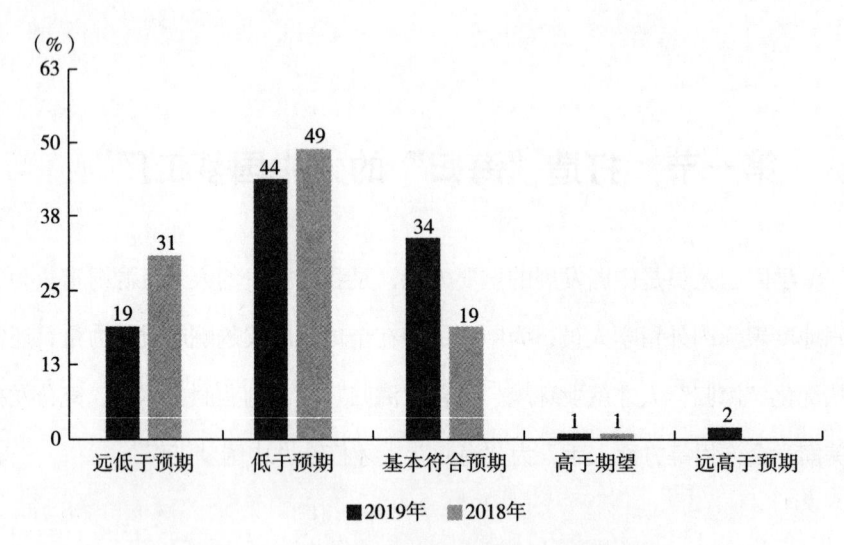

图 8—1　"海归"群体实际收入与预期的对比

资料来源：根据《2019中国海归就业创业调查报告》整理而得[1]。

从就业单位类型来看，"海归"人才主要集中在民营企业。《2018中国海归就业创业调查报告》显示，私营/民营企业"海归"人才占比为53%；外商/港澳台资企业"海归"人才占比17%；国有企业和合资企业"海归"人才占比分别为15%和8%。"海归"人才就职于机关事业单位、社会组织/团体和国际组织的比例相对较小，如图8—2所示。

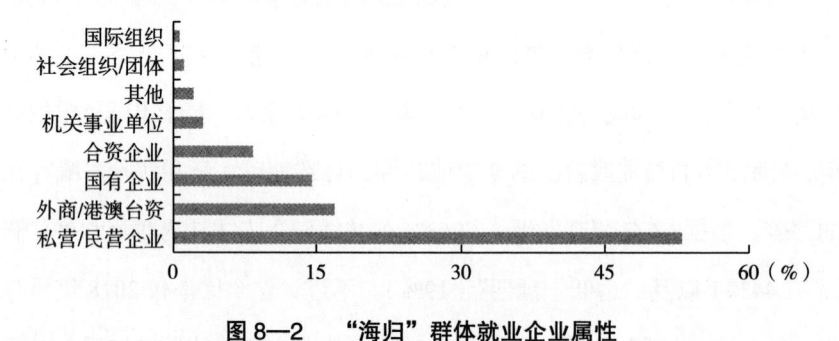

图 8—2　"海归"群体就业企业属性

资料来源：根据《2018中国海归就业创业调查报告》整理而得。

---

[1] 参见《2019中国海归就业创业调查报告》，http://www.ccg.org.cn/archives/62245，2019年11月21日。

在民营企业吸引大量"海归"人才就业的同时，我们注意到少有"海归"人才前往机关事业单位等涉及政策制定的机构工作。我们认为，在专业性较强的政府部门、公共服务等领域，应建立起科学的人才选拔、使用和评估机制，打破留学回国人员到机关、企事业单位和其他组织工作的限制，吸引留学人员进入，提升其国际化水平。

新时代海归群体在人数上已经达到新的数量级，建议建立专门针对海归的求职就业平台，更好畅通留学人员回国发展的渠道。近几年，上海、深圳、厦门、西安等都举办过活动促进留学人员与企业的交流，建议将各地的活动经验进行总结推广，考虑在全国范围内，组织"海归"平台和企业平台对接，定期举办多种类型的活动，在帮助海外留学生了解国内就业市场和企业需求、解决其与国内就业市场脱节等问题的同时，提升"海归"人才的归属感。

二 完善"海归"创业服务体系

在我国政府"大众创业、万众创新"的战略部署下，越来越多的"海归"创业者加入创业大军。"海归"创业者不仅来自美国"硅谷"，也有来自北欧、德国、法国、英国、韩国等国家和地区，他们带来环保、医疗器械、生命科学、时尚设计、工业设计、"工业4.0"等不同领域的技术和经验，为我国新兴产业创新带来了新一轮"春风"。调研显示，信息传输、软件和信息技术服务业、批发和零售业、教育行业成为"海归"创业行业的优先选项，如图8—3所示。

与就业型"海归"人才不同，创业型"海归"人才回国发展，更看重的是国内的市场机遇。他们大多数在国外已经拥有一定的技术积累和创业经验。他们回国发展往往具有极大的自主性，主要根据对国内形势的判断决定是否回国。可以说，对创业型"海归"人才的争夺，可以真正体现出一国对人才的吸引能力。能否留住创业型"海归"人才，则主要取决于国内的创业环境。我国

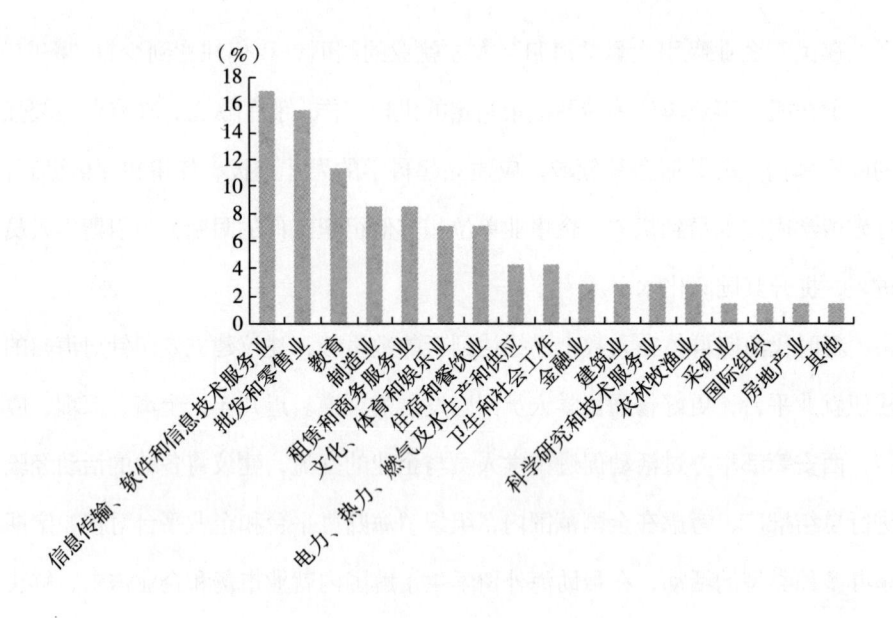

图 8—3　"海归"群体创业行业分布

资料来源：根据《2018中国海归就业创业调查报告》整理而得。

已经迎来"海归"人才大批回国创业的时代，这种创业浪潮的持续，将更多依赖于创业环境的改善。

调查显示，由于多年不在国内生活，"海归"人才创业仍面临着如何将创业项目与中国的文化和人才环境相融合、如何将国外的商业模式移植到中国土壤上等难题。有研究曾指出，"海归"企业存在明显的"三三现象"，即1/3有发展，1/3勉强维持生存，1/3破产或半破产。

2004年，"海外高层次人才引进计划"专家薛杨回国创立了哈尔滨乐辰科技有限责任公司（简称乐辰）。然而，公司成立没多久，就遇到了人才瓶颈——哈尔滨的团队无法完成薛杨带回来的项目。这是薛杨始料未及的，于是他将战场转到了北京，创立之初的北京乐辰公司又遭遇了资金问题。薛杨出售了在美国的一处房产，才暂时渡过难关。但是，紧接着一个更大的难题又来了，确切地说，困扰薛杨的是其所在的软件服务外包产业。由于该产业本身是一项复杂的系统工程，牵涉到很多政府部门，所以政府的支持非常关键。在薛杨眼中，企业像船，政府的服务像水，"如何将这些水变成载舟之水，是整个软件产业的当务之急。"于是，薛杨做了一件让周围朋友都想象不到的事情——他直接给省长写信反映黑龙江的软件服务外包产业问题。那次谏言的结果是，不仅黑龙江省的软件服务外包产业就此得到了政府的大力支持，乐辰也从众多中小软件外包企业中脱颖而出。[1]

在对大量"海归"创业者的调研中，我们发现融资困难，创业服务不到位、人力成本高、行业竞争激烈和市场拓展困难等问题都是"海归"创业者在创业中遇到的"拦路虎"，如图8—4所示。

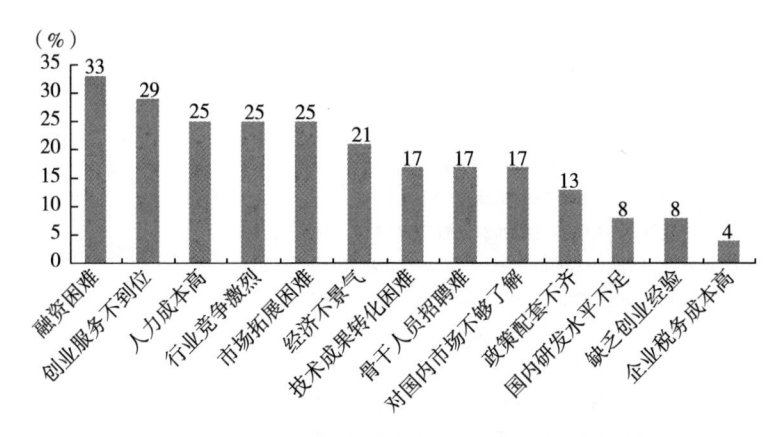

图8—4　"海归"创业者创业过程中的主要困难

资料来源：根据《2019中国海归就业创业调查报告》整理而得。

在创业阶段，"海归"创业者们最需要的服务是"技术研发"与"市场开拓"，这两项占比均达到33%；"海归"创业群体对于"融资服务"的需求相对

---

[1] 参见《海外高层次人才计划专家薛杨：海归创业 贵在本土化》，http://www.21gov.cn/article/rencaireyi/201808/471.html，2018年8月20日。

较高，占比达 29%；对于"办公场地""专利保护"及"对接行业上下游资源"的需求占比也都在 20% 以上，如图 8—5 所示。

值得引起注意的是，对于园区、孵化器等平台提供的创业服务，2019 年，"海归"创业者满意度普遍下降。其中，选择帮助"非常大"和"较大"的受访"海归"创业者占比分别由 2018 年的 15% 和 23% 下降至 2019 年的 4% 和 13%，而选择"一般""较小"和"没帮助"的受访"海归"创业者占比则分别由 2018 年的 30%、7% 和 11% 上升至 2019 年的 38%、17% 和 17%。随着创业活动的日益成熟，创业者对于园区、孵化器等平台提供帮助的预期不断提升。除了硬件配套，专业的软件服务将是园区、孵化器等平台发展的方向，同时，平台服务的提升也有利于吸引和培养更多的专业人才。

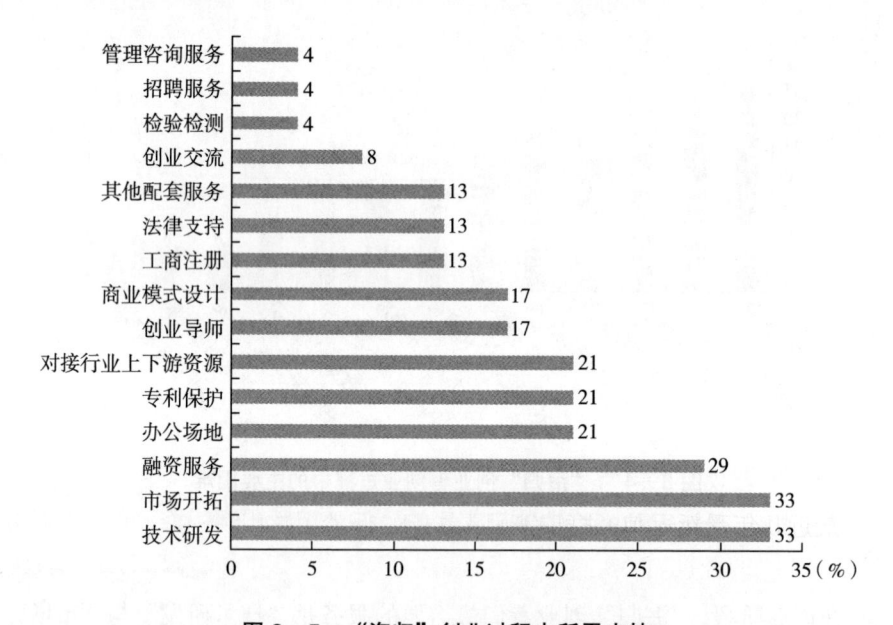

项目	百分比(%)
管理咨询服务	4
招聘服务	4
检验检测	4
创业交流	8
其他配套服务	13
法律支持	13
工商注册	13
商业模式设计	17
创业导师	17
对接行业上下游资源	21
专利保护	21
办公场地	21
融资服务	29
市场开拓	33
技术研发	33

图 8—5　"海归"创业过程中所需支持

资料来源：根据《2019 中国海归就业创业调查报告》整理而得。

吸引留学人员回国创业，政府提供的创业服务需要做到"精、深、细"。很多成功创业的"海归"创业者都认为，政府到位而精准的服务，对企业发展非常关键。目前，很多地方政府已经针对不同发展阶段的留学人员回国创业企业开展了个性化的服务，在此基础上，政府可以考虑对这些实践经验进行总结与整合，在更多地区开展有针对性的服务。比如，在创业服务方面，可以设立海外高层次人才计划产品营销服务中心，提供包括政策申报、创业培训、成果转化等在内的整套服务内容；在企业成长服务方面，鼓励高层次人才领衔组织各类国际性学术会议和研讨活动，并给予一定的资助；在生活服务方面，为高层次人才在出入境、医疗等方面提供便利，予以优惠，尽可能为人才扎根解决后顾之忧。

同时，政府和市场要打好"组合拳"，政府在营造合法、公平市场发展环境，破除"海归"创业者面临的"融资难、审批难、用人难"等问题的同时，尽量减少不必要的行政干涉。通过借助市场的力量，拓宽融资渠道，可以设立留学人员创业基金，以贴息贷款、风险投资等形式，选择一批拥有自主知识产权、有市场前景和发展潜力的项目和企业作为重点扶持对象。另外，政府还需逐步建立和完善对科技企业的评估与担保机制，鼓励风险投资支持创新创业项目和企业，完善相关知识产权机制，加强保护版权和专利的机制，为"海归"创业涉及的知识产权纠纷提供法律援助。[1]

三 提前布局低龄留学生人才储备

最近几年受新冠肺炎疫情等因素影响，低龄留学出现下降；但从长期来看，作为经济社会发展到一定阶段的产物，低龄留学现象将持续存在。面对留学低龄化现象，既要看到积极的一面，也要看到可能存在的负面影响。低龄留学人员正处于学习知识的最佳时期，通过出国留学，经历不同文化的洗礼，接

---

[1] 王辉耀：《海归与中国高科技新兴产业发展》，《北京青年报》2018年6月24日第A02版。

受不同教育方式的启迪，对个人的发展，眼界的开阔，成长为优秀的国际化人才不无裨益。不过，低龄出国留学也存在学生年龄较小，自理能力、适应能力较差等问题，同时也可能会造成我国人才提前流失等风险。

目前，很多西方国家都在通过吸引低龄留学生以提前储备人才，比如，新加坡教育部实施专门的海外留学计划，加大对海外低龄留学生的吸引力度。其中最有影响力的是"东盟奖学金计划"和"香港奖学金计划"。"东盟奖学金计划"主要面对文莱、马来西亚、泰国、越南、柬埔寨、印度尼西亚、老挝和缅甸等国家的优秀高中毕业生。"香港奖学金计划"主要面对中国香港的小学、初中、高中和大学优秀学生。[1]因此，在某种程度上，能否重视低龄留学现象，做好提前布局，关系到未来各国在人才竞争中能否占得先机，需要引起重视。

目前国内还没有专门针对低龄留学生的统计渠道，无法把握低龄留学的整体状况，也无法评估这种现象的实际影响。从现实情况出发，可以考虑充分发挥留学生母校、留学生家长的积极性，及时跟踪低龄留学的数据，搭建信息联系库，确立低龄留学生统计制度，形成持续的留学人才储备库，并依此搭建权威服务沟通平台。通过该平台，对海外留学青少年的生活、学习等提供咨询和帮助，给予足够的关注与支持；同时，及时将国内的就业信息，就业政策等传递给他们，减少信息不对称，鼓励他们学成归国，为国服务。

此外，低龄留学生正处于人生观、价值观的形成阶段，较容易受到留学国家的影响，对祖国的认同感可能会减少，难以找到归属感，容易造成与民族文化的割裂。因此，国内基础教育中还需要更多加强对传统文化的教育与熏陶，培养学生的文化自觉，让学生保留中华文化意识。

---

[1] 汪东亚：《留学中介进中小学欲"破堤"教育部"截流"》，《留学》2014年第7期。

四 对海外高端人才的"引、用"之道

2007年，李亮从美国通用电气全球研究中心辞职回国，投入到国家大科学工程脉冲强磁场实验装置的建设主持工作中。回国以后，李亮将引进海外人才、组建研发团队当作第一要务，通过同学、同事等关系，引进了大量的海外高层次人才。

陈十一在担任北京大学工学院院长期间，发挥自身学术影响力，引进了60余位海内外高层次人才，打造了湍流与复杂流动领域国际一流的研究团队。

中国商用飞机在引进了李东升、陈清焰等6名"海外高层次人才引进计划"专家后，以他们为核心，陆续吸引了443名海外人才投身我国大飞机研制工作[1]。

潘建伟率高徒陈宇翱、陆朝阳先后回国，组建了一支中国物理界的"梦之队"。在他们的努力下，中国量子科研异军突起，连续在量子理论、量子通信、量子计算等领域涌现出世界级的研究成果。与此同时，潘建伟分赴海外学习的学生，正以极高的"归巢率"陆续回国。

在哈佛大学医学院博士后王俊峰的带动下，8位哈佛大学医学院博士后相继归国，一心扎根合肥科学岛，潜心投身于他们所从事的前沿科学研究……

可以看到，很多"海归"专家正通过自身的影响和人脉，带动越来越多的高端人才回国发展，这对于中国的未来无疑是一件幸事。不过，我们也需要深刻认识到，环境土壤才是人才引得进、留得住、用得好的关键。正所谓"十年树木，百年树人"，如果长期缺乏一个适合人才发展的环境，那么再多的人才福利和补助都无济于事。

---

[1] 雒艺甍：《好风凭借力 扬帆一路歌——国家"海外高层次人才计划"成效显著》，《中国组织人事报》2017年9月13日第3版。

某位学者曾断言，中国的科研文化可能会吓跑顶尖科学家，因为他认为中国的传统是"既不鼓励质疑精神和学术交流，也不保证公平竞争"[1]。这种说法虽然值得商榷，却也有一定的启发性，那就是，如果我们想吸引真正的人才，就必须要让他们感觉到自己的工作是受到重视的。哈佛大学华人教授尹希曾坦言，在中国召开的国际会议上，如果有知名教授或诺贝尔奖得主出席，很容易过分地追捧他们，而忽视了学术本身的意义。反观美国，教授虽然比学生级别高，但只是体现在行政方面，在进行学术讨论时是没有等级概念的，本科生、研究生和教授都可以直接对话。"优秀的年轻人才很多，大多都没有成名，但他们可能有很大潜力。中国挑选人才的时候，要了解他们究竟做的是什么，而不是他们得过什么奖、做过什么职位。"[2]

再看我们的邻国印度，这个国家对于吸引海外高端人才回流的做法很值得我们学习。在基础建设方面，虽然印度很多地方都不及中国完善，却能让在美国做到最顶尖的印度学者回到本国。尽管这些学者在印度的薪资水平通常要比在美国时少得多，生活环境更是云泥之别，但每年还是有大批的印度学者愿意回流。这其中一个关键因素就是他们感到自己的工作受到重视，研究机构也是真正治学之处，学者们在一起的时间只讨论学问，并不需要太过担心行政限制和人情世故。

吸引高层次人才，打赢国家间的"人才争夺战"，并非是只打广告做宣传。前期把人引进来很重要，后期可以留下人才，并用好人才更重要。我们需要了解国际人才流动的规律和国际惯例，及时把握，有效调整我国的国际人才

---

[1] 徐治国，闫岩：《〈科学新闻〉：国家项目启航》，http://www.ebiotrade.com/newsf/2009-2/2009217133445.htm，2009年2月18日。

[2] 徐治国，闫岩：《〈科学新闻〉：国家项目启航》，http://www.ebiotrade.com/newsf/2009-2/2009217133445.htm，2009年2月18日。

政策。从长远着眼,我国人才引进前期工作还需要更高层面的统筹。国际高层次人才引进工作不仅需要国家的政策支持,还需要各部门协调好。目前的"海外高层次人才计划"由海外高层次人才引进工作小组组织领导、统筹协调,并由组织部、人社部与教育部等多个部门组成。而吸引国际高层次人才需要专业的部门在全球搜索、关注、接触、挖取人才,在人才吸引过程中解决其后顾之忧,人才来华后的服务工作等方面进行专业化操作,这就要建立更高一级的部门来进行高度统筹。[1]

同时,要对高层次、资深的国际人才进一步放开门槛。在我国的"海外高层次人才引进计划"中,目前有年龄不超过55岁的限制,而且没有专门针对55岁以上的资深海外人才的计划。20世纪八九十年代,我国出国的大批优秀留学人员,很多已经超过55岁,他们希望回国发挥作用,但受到了年龄限制。一些超过55岁的资深专家,也应该成为我们争取的对象。如果想加大吸引海外顶尖人才的回流力度,可以考虑出台诸如"资深人才计划"等政策,从而吸引55岁以上的资深海外人才来华。

引入国际人才只是开始,留住国际人才才是打赢国家间"人才争夺战"的关键。全球化时代,要给予国际人才足够的"待遇",实行国际人才"全球定价"。对于社会发展急需、国内缺乏相关人才的可以采取灵活制度,"特殊人才特殊待遇",在人才引进后,要兑现承诺。美国对他国人才引进计划的"反击"也提醒我们:在人才引进的时候,一定要注意国际人才所在国的背景和对人才流动的规定,提前做好预案。

其实,我们国家一直在进行人才土壤环境的改革探索,比如被称为"科研

---

[1] 王辉耀:《海归潮中高精尖人才仍偏少,中国"人才逆差"何时变为"人才顺差"?》http://www.banyuetan.org/jj/detail/20181015/1000200033136091539587189772797434_1.html, 2018年10月15日。

土壤改革试验田"的北京生命科学研究所就是一次很好的尝试,这家研究所独立于现有的科研单位和科研体制,没有任何隶属关系。成立十多年来,北京生命科学研究所推动了我国科技学术领域的改革,带动了一批高水平的科技人才回国发展,产生了一批高水平的原创性的科研成果,大大提升了我国在全球生命科学领域的地位和影响力。我们认为,这种改革的步伐可以再大一些,再快一些。

五　充分发挥欧美同学会等留学组织的作用

1913 年,在著名学者梁敦彦、周诒春、颜惠庆、王正廷、顾维钧、叶景莘、詹天佑等的发起和赞助下,中国建立时间最早、规模最大,并延续至今的留学人员组织——欧美同学会诞生了。欧美同学会的成立是当时颇有影响的新闻事件,上海《申报》与北京《大自由报》的报道都称之为"盛会"。时至今日,欧美同学会在全国拥有 10 万会员,覆盖了世界所有接受留学生的国家和地区,在团结、联络、服务留学人员、促进留学人员交流方面具有其他政府部门和社会组织无法比拟的优势,应大力发挥其作用,促进留学人员更好地发展和为国服务。正如习近平主席在欧美同学会成立 100 周年大会上所说,"面对新形势新任务,欧美同学会要立足国内、开拓海外,努力成为留学报国的人才库、建言献策的智囊团、开展民间外交的生力军,成为党联系广大留学人员的桥梁纽带、党和政府做好留学人员工作的助手、广大留学人员之家,把广大留学人员紧密团结在党的周围。要关心留学人员工作、学习、生活,反映愿望诉求,维护合法权益,不断增强吸引力和凝聚力。"[1]

---

[1]《习近平在欧美同学会成立 100 周年庆祝大会上的讲话（2013 年 10 月 21 日）》,《人民日报》2013 年 10 月 22 日第 2 版。

第二节 大趋势

过去一百多年来，中国"海归"群体的命运与时代交织辉映，在中国历史上留下了浓墨篇章。从突破封建桎梏的辛亥革命到新中国的成立，再到21世纪中国的现代化建设，数代留学人员回国推动中国历史的进步与革新。展望未来，我们认为，"海归"群体发展将呈现十大趋势：

一 海归回流将呈平稳增长态势

从影响留学人员回流的宏观因素来看，一国的经济发展状况、科技发展程度、经济开放程度、政策制度环境、社会文化因素等都会对回流产生重要影响。教育部数据显示，1978至2019年度，各类出国留学人员累计达656.06万人，其中165.62万人正在国外进行相关阶段的学习或研究；490.44万人已完成学业，423.17万人在完成学业后选择回国发展，占已完成学业群体的86.28%[1]。基于教育部等统计数据分析发现，进入21世纪以来，除个别年份海归人数增长率低于出国留学人数增长率外，在大多年份里，海归人数增长率都高于或接近于出国留学人数增长率，如图8-6所示。

根据全球化智库（CCG）研究报告《高校校友观察：中外高校毕业生职业发展研究与展望2021》数据显示，我国十所"双一流"高校毕业生中，选择赴国（境）外留学的比例超过七成，其中，绝大多数毕业生愿意在中国进行首次就业，这一比例高达75.34%，整体呈现出"出国深造——回国就业"的国际人才环流模式，反映出中国高等人才对国内良好的经济发展态势和就业形势

---

[1] 参见教育部官网：http://www.moe.gov.cn/jyb_xwfb/gzdt_gzdt/s5987/202012/t20201214_505447.html

的认可与信心。在中国经济社会发展,投资创业环境改善以及国家吸引海归的利好政策等多重因素共同作用下,预计中国留学人员的回流率将继续呈现平稳增长态势。

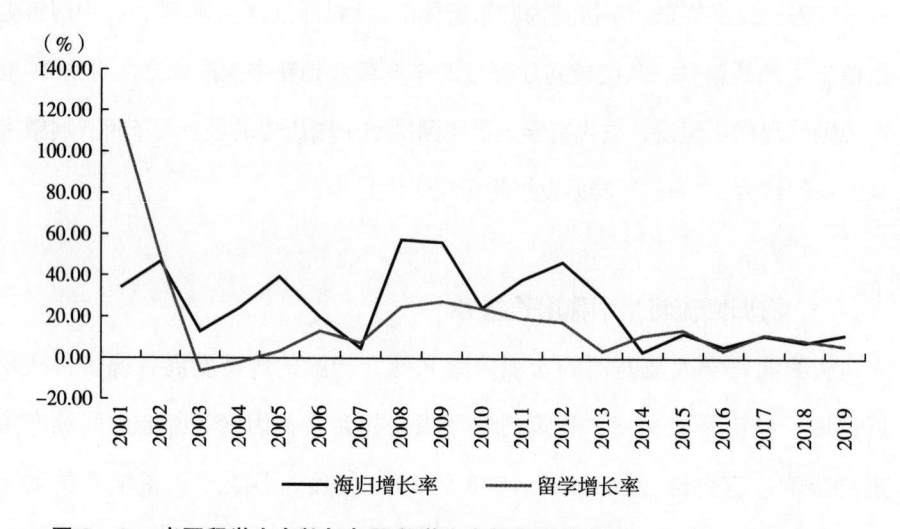

图8—6 出国留学生人数与归国留学生人数年增长率(2001年–2019年)

资料来源:《中国统计年鉴》,教育部公布数据。

二 创业仍是未来重点

在《海归时代》中,我们曾探讨过创业将会是一个持续10年到20年的留学人员回国发展重点,当时主要考虑到随着20世纪90年代后期留学已市场化,并受中国"入世"的影响,大量留学生出国学习工商管理、经济、法律、金融、财务、计算机等应用型专业。不同于前几代留学生,他们中90%左右是自费留学,且一毕业就出国,没有工作经验更无原单位可回。当他们完成学业回国后将会大量地自主创业并投身到高新技术产业、经贸、金融、管理、中介服务等非传统教学科研领域。

这些年来,从中央到地方,日益完善的"海归"人才创业政策为广大留学人员回国发展扫清了障碍，形成了对"海归"人才创业的联动支持，使创业环境不断优化，并逐步与国际接轨。2014年9月，李克强总理在夏季达沃斯论坛上发出"大众创业、万众创新"的号召。政府部门对扶持小微企业发展、推动大众创业与万众创新的工作部署，极大激发了留学生归国创业的积极性。2017年，国务院颁布《关于做好当前和今后一段时期就业创业工作的意见》，制定了"留学人员回国创新创业启动支持计划"并设立了创新子项目，该意见的出台为推动留学回国人员产生创新成果、转化科研成果，并留住"海归"人才提供了切实的政策保障。2020年教育部召开新闻发布会强调"支持留学人员回国创业就业"，并指出为鼓励留学人员回国创新创业，教育部将进一步为留学人员提高服务质量和效率，创造良好的创业环境；通过举办好留学人员回国创新创业大赛、加强对创业过程的培训与指导等措施，为留学人员回国创业搭建良好的平台。

新一代"海归"人才的创业热情已被国内广阔的市场前景与"双创"政策的驱动所点燃。巨大市场前景与创业政策环境的优化成为"海归"人才创业的重要助推。[1] 追求个人价值，创造社会效应越来越成为成熟型"海归"人才携带技术及经验回国"归零"开始的核心驱动。在近年来的中国留学人员创新创业论坛上，多位新一代"海归"创业者将"价值创造"作为其创业分享的重要内容。

三 "海归"就业进入"青铜时代"

"海归"人才在中国的就业市场上，一度是"高水平、高薪酬和国际化"的代名词。早在20世纪30年代，出国留学就已经是令人羡慕的发展出路。进入21世纪以来，留学事业轰轰烈烈的发展，留学人数不断攀升，随着自费留

---

[1] 王辉耀、苗绿主编：《中国留学发展报告（2020—2021）》，社会科学文献出版社2020年版，第120页。

学比例的不断提高，留学人员已从精英化发展为大众化，相应的中国"海归"群体也已经从高精尖人才拓展到各个层面的人才。对于缺乏工作经验的"海归"而言，多年的海外留学经历使得他们在国内的人脉网络难以得到有效维护，又需要重新建立对国内的认知，因此，曾经光鲜亮丽的海外文凭也已经不再是就业的稳妥保障。面对日益国际化的中国市场，单单靠留学文凭而"裸归"的留学生，可能会在就业阶段遭遇不小的困难。

在新的全球化时代，留学生和准留学生都需认真思考留学的意义，大家需要意识到，留学不是万能的，留学只是获取知识和技能的一种方式，对于出国留学需要有准确的定位，即希望通过留学收获什么，提升什么。另外，留学生一定要做好留学前及留学中的规划，无论是参与社团活动，还是把握实习机会，都应当是留学期间需要重点关注的。

四 本土企业、二线城市将吸引更多"海归"

20世纪末21世纪初，"海归"人才就业曾主要集中在"三资企业"，尤其是外资企业中。彼时的"海归"们最希望加入外企，而外企本身也更青睐"海归"人才。时至今日，"海归"人才与外企间互为最优选的现象发生了改变：外企选择本土人才越来越多，从前英语好是进入外企的必须项，如今随着高等教育的普及和应聘者素质的提高，越来越多的本土人才符合外企招聘标准。同时，"海归"人才自身也不像以前那样热衷选择外企。2015年调研结果显示，"海归"人才就业选择本土民营企业的比例超过了外企；2018年，这种趋势更为明显，53%的"海归"人才就业单位是私企/民营企业，而外商/港澳台合资企业占比仅为17%。随着中国国有企业和民营企业的迅速崛起和国际化，外资企业里"海归"人才聚集的现象将会成为历史，中国本土企业将为"海归"人才提供更广阔的发展空间。

在"海归"人才地理分布上,虽然目前多半的"海归"人才集中在京沪穗地区,但是随着二线发达城市的快速发展,成都、杭州、青岛、西安、南京、武汉等地对留学回国人员的吸引力明显增加。二线发达城市由于经济发展快、房价等生活成本低、人才政策有吸引力、环境舒适、基础设施齐备、文化多元且城市包容性强等因素吸引了越来越多的"海归"人才。"海归"人才区域流动的变化将会随着城市外向型经济发展与国际接轨的需求加大等因素而更为明显。

五 "海归"进入"环流"时代

目前,国际人才流动规律总体上呈现出人才外流、回流、环流、对流等阶段。"海归再归海",即留学人员从母国前往留学目的国之后,回到母国发展,之后又再次去往原来的留学目的国或去向第三国。[1] 根据我们的调研,大部分"再归海"留学人员表示,他们"再归海"后仍与国内保持密切联系,频繁往来于其他国家和母国之间。这种现象即为留学人员环流,"海归再归海"可以看作是留学人员环流的一个特殊阶段。[2]

近年来,中国的留学活动进入一个大循环,每年有大量的人才出去,也有大量的人才回来,还有一部分人回来了又出去。例如,原清华大学教授颜宁于2017年秋季加盟美国普林斯顿大学、上海科技大学教授马毅于2018年入职加州大学伯克利分校、北京大学教授许晨阳也于2018年秋季加盟麻省理工学院。

高层次"海归再归海"后,虽然身在海外,但依旧可以为国服务。2009年人社部就提出针对海外学子的"海外赤子为国服务行动计划",我国的人才政策也开始从强调"回国服务"演变为强调"为国服务",从强调"人的回归"演变为同

---

[1] 王辉耀、苗绿:《人才战争2.0》,东方出版社2018年版,第101页。
[2] 王辉耀、苗绿:《中国留学发展报告(2016)》,社会科学文献出版社2016年版,第160页。

时强调"才的回归"。例如一些已经取得外国国籍或永久居住权的高层次人才,他们频繁往来于国内和海外,从事商务贸易、教学、讲座等活动,以适合自己的方式为国服务。他们中很多在国外企业担任高级职务,拥有国际管理经验、了解国外文化,适应企业国际化发展的需求,成为中国国际化发展的"先头部队"。

在"再归海"现象中,"再归海"人员是否会继续流动,或者是否最终回到母国,还是无法确定的问题。高层次"海归再归海"的原因大致有四点:其一,部分"海归"回国较早,当时还没有"海外高层次人才计划"等政策支持,如今可能因为年龄等各方面的原因,虽然贡献大,但相关待遇不匹配;其二,虽然部分"海归"回国发展事业,但家庭还在国外,鉴于生活环境等各方面的原因,重新出国;其三,对未来政策的不确定,如对"海外高层次人才计划"合同期满后、退休后的待遇等方面政策的不确定预期;其四,对国内的文化和环境难以重新适应,也是促使他们重新"归海"的重要原因[1]。对于普通"海归再归海"的现象,CCG曾对其原因展开过调查,结果显示,留学人员"再归海"的原因涵盖以下方面:国内环境污染严重(37.8%)、国内薪酬太低(28.5%)、找不到满意工作(26%)、有食品安全问题(24.5%)、不愿子女接受国内教育(24.5%)、买不起房(22.9%)、国内人与人诚信较低(21.2%)、难以适应人情关系(19.7%)、对"海归"不认同(16.2%)等。

中国作为发展中国家,当务之急是要继续深化人才发展体制机制改革,加快构建具有全球竞争力的人才制度体系,从而吸引并留住更多的"海归"人才,真正实现"聚天下英才而用之";与此同时,要以开放的心态看待"海归再归海"现象,一方面,在全球化时代,这是跨国人才流动的正常现象;另一方面,要积极制定发挥海外留学人员环流作用的政策,激励他们继续为国服务。

---

[1] 王辉耀,苗绿编著:《中国留学发展报告(2016)》,社会科学文献出版社2016版,第161页。

六 推动民主建设的步伐

现代社会对政府管理与决策水平的要求越来越高,"海归"人才因其具有特殊的跨文化背景、先进的现代管理经验以及较强的法律意识等优势,成为中国改革开放与民主建设的积极力量。随着我国社会主义民主政治的发展,越来越多的"海归"精英们探索从科研迈向参政议政的道路。他们积极参与社会政治生活,为国家发展建言献策。

由于中国智库服务的政党和政府相对稳定,因而能更好地影响政府决策。"海归"群体可通过创办智库或者供职于智库,为政府提供专业参考与智力支撑,许多政府重大决策和决议的背后都能看到他们的身影,比如国务院发展研究中心、中国社会科学院、北京大学国家发展研究院、CCG等都拥有一大批重量级的"海归"精英。这些或官办或民营的重要研究机构,不仅充当了中国政府的智囊团,而且在更为广泛的层面上成为社会各个阶层的"外脑",扮演着中国改革开放的智库角色。

七 带领中国企业"走出去"

中国的现代化过程,实际上就是一个不断追赶西方发达国家的过程。中国利用后发优势,大胆借鉴别人已被证明的成熟模式来全方位推进我国的现代化建设。改革开放初期,市场经济体制还在探索阶段,国家需要的是"引进来",中国需要"海归"人才引进国际化的管理理念,将这些先进的知识、理念与中国土壤结合。随着我国改革开放的深入和社会主义市场经济的不断发展,"海归"人才从带回技术、理念到创新的思维模式。在未来,"海归"人才更重要的使命则是"走出去",将中国的文化、思想带出去。"海归"人才具有全球化的视野,并且掌握着国际化的语言和文化,他们将在中国"走出去"与世界全方位接轨中发挥重要的作用。

目前"海归"人才推动中国企业"出海"主要有三种方式。第一种，以企业创始人或者是职业经理人的身份，直接带领中国企业在海外上市。据不完全统计，在美国纳斯达克上市的上百家中国企业中，大约80%的企业是由留学人员创办或者管理的。企业海外上市，在融资的同时，还可以为中国企业创造一个国际化平台，以此更好地吸纳技术、人才，并发掘新的战略合作机会，在全球标准制定以及未来产业发展中起到关键作用。第二种，帮助中国企业投资海外，满足中国企业海外发展的需要。例如福耀玻璃集团、中国化工、中国石油天然气、联想、华为、腾讯、百度、海尔等企业并购海外资产、建设海外基地，不断拓展全球化版图，这其中均有大量"海归"人才在发挥作用。第三种，通过法律服务、企业咨询服务等方式，参与中国企业跨国经营与并购业务，推动中国企业开疆拓土。如高瓴资本创始人张磊帮助腾讯公司，把微信推广到印度尼西亚，重新定义了印尼的社交媒体。又如金杜律师事务所全球主席王俊峰在全球16个城市建立律师事务所，成为帮助中国企业海外发展的著名法律专家。拥有长期的海外投资和生活经验的"海归"人才，对当地的政治经济情况、文化风俗都较为了解，可以提供咨询、充当合作伙伴、斡旋调解矛盾等，为降低中国企业的海外投资风险起到重要作用。

随着"一带一路"倡议的推进，越来越多的中国企业开始"走出去"，迈向更广阔的世界舞台。"海归"人才在助力中国企业在世界舞台长袖善舞方面同样拥有广阔的舞台。

八 推动高科技新兴产业发展

高科技新兴产业是21世纪国际经济和科技竞争的重要阵地。近年来，"海归"创业者开创了高科技创业潮，他们在生命科学、节能环保、信息技术等国家战略新兴产业领域，引领了行业发展，在缩短中国与发达国家的差距中发挥了重要作用，使中国战略新兴产业有了实现弯道超车的可能性。

中国全面深化改革，需要继续发挥"海归"人才在国际化视野、国际化经验、国际化技术、国际化管理模式上的优势，以高科技创业引领新一轮科技应用高潮，以新兴产业带动传统行业革新，以高科技新兴产业发展推动我国产业结构调整，在全球化舞台上站得住脚、迈得开步。[1]

九 提升国内学术研究水平，探索教育机制创新

"海归"群体在国家科技战略的确定与有效执行上做出了重要贡献，搭建起一大批不同于国内传统体制的新型科研平台，推动中国基础科研水平大幅度提升，实现了领先世界的科研突破。"海归"专家学者为中国高校注入了新鲜血液，带来了世界最前沿的学科与知识、先进的教育理念与治学方法，很好地提升了中国在国际学术界的地位。据2015年至2017年的"中国留学人员创新创业50人"显示，大约40%的"海归"专家学者在教育领域做出了突出贡献。

随着信息技术、基因技术、生物工程、航空航天技术等领域的发展和产业升级，高新技术专业人才的缺口会越来越大，中国应充分利用好几百万海外留学人员资源，从而提升我国学术研究水平，尽快与国际接轨。

十 民间外交生力军，推动中国与世界接轨

2013年，在欧美同学会成立100周年大会上，习近平主席首次提出欧美同学会要努力成为"开展民间外交的生力军"。[2] 这不仅是对欧美同学会的要求，也是对广大留学归国人员在民间外交工作上潜力的肯定。2021年5月31日，

---

[1] 王辉耀：《海归成为科教创新和国际化人才培养主力》，《北京青年报》2018年6月10日第A02版。
[2] 《习近平在欧美同学会成立100周年庆祝大会上的讲话（2013年10月21日）》，《人民日报》2013年10月22日第2版。

习近平总书记在主持十九届中央政治局第三十次集体学习时强调，讲好中国故事，传播好中国声音，展示真实、立体、全面的中国，是加强我国国际传播能力建设的重要任务。[1]

留学归国人员在民间外交上具有独特优势，相较外国人士，他们可以更深入地解码当下中国发生的故事；相较没有留学经验的本土人士，他们可以把这些中国故事用外国人熟悉的符号重新编码。许多外国人通过他们了解中国、认识中国，许多中国人通过他们了解世界、认识世界。

"海归"群体在推动国内外公共事务发展上发挥了智囊团与民间外交生力军的作用。越来越多的"海归"们正在以各种方式建言献策，为国家的发展贡献力量。同时，他们凭借通晓国际文化、国际资源丰富等优势，发挥着民间外交的重要作用。一些"海归"人才在国际组织中担任要职，很好地提升了中国在全球治理中的话语权。

"千帆竞发浪潮涌，百舸争流正逢时"。改革开放为广大留学人员提供了出国学习、开眼看世界的机遇，搭建了施展才华、报效祖国的广阔舞台，同时，也给予了他们立足中国、走向全球的底气。留学人员的发展与国家的发展始终同呼吸、共命运。当年，他们怀着科技兴国的梦想"出海"，如今中国迎来了史上最大规模的"海归"潮。那群曾经带着梦想远行的人们已有300多万人归来，遍布各行各业。留学生的归来不仅仅是空间的改变，更多的是情感的回归，是价值的再现。从国家领导人到地方官员，从"两院"院士到"海外高层次人才引进计划"专家，从国际组织领导人到国企总裁、外企"掌门人"，新时代的"海归"精英是中国与世界全方位接轨的天然纽带与桥梁，他们已成为

---

[1]《习近平在中共中央政治局第三十次集体学习时强调 加强和改进国际传播工作 展示真实立体全面的中国》，http://www.xinhuanet.com/politics/leaders/2021-06/01/c_1127517461.htm，2021年6月1日。

领航中国的重要力量。奋进在新时代，我们有理由相信，广大留学人员将承担新使命，帮助世界更好地了解中国，推动中国更好地走向世界，为实现"中国梦"做出新贡献。

新时代、新征程，赋予了"海归"群体新使命。广大"海归"人才应继续将智慧和力量凝聚到改革发展上来，为实现新跨越注入强劲动力。功由才成，业由才广，这是一个需要"海归"人才的时代，也是一个成就"海归"人才的时代。优秀的"海归"群体在中国经济腾飞的历史画卷中已经留下了浓墨重彩的一笔。如今，在中国日新月异的发展变化中、在全球竞争更加激烈的将来，广大"海归"人才应继承历代"海归"人才留学报国的光荣传统，坚守中华民族伟大复兴的梦想，担负更为重大的使命，将自己的梦想融入人民实现中国梦的壮阔奋斗之中，把自己的名字写在中华民族伟大复兴的光辉史册上。正如习近平总书记所言，"在亿万中国人民前行的伟大征程上，广大留学人员创新正当其时、圆梦适得其势"。[1]

---

[1]《习近平在欧美同学会成立100周年庆祝大会上的讲话（2013年10月21日）》，《人民日报》2013年10月22日第2版。

参考文献

苗绿：《以留学促进青年人才全球胜任力培养》，《神州学人》2021年第10期。

苗绿：《搭建中国与世界对话之桥》，《小康》2021年第33期。

苗绿：《发挥海归效能　助力脱贫攻坚》，《神州学人》2020年第9期。

傅小敬：《基于教育高阶理论和资源诅咒理论双重视角的"海归"董事与企业创新研究》，《西南师范大学学报（自然科学版）》2020年第5期。

王辉耀：《两会带给留学人员广阔机遇》，《神州学人》2020年第6期。

王辉耀：《期待更多海归彰显价值与担当》，《神州学人》2020年第3期。

郑金连、苗绿：《人才引进政策复制概念探析》，《中国人事科学》2020年第5期。

鞠斐、袁勇志：《将中美贸易摩擦转变为引进海外人才归国创业的战略机遇》，《人民论坛·学术前沿》2019年第22期。

刘晓丹、张兵：《文化距离与跨国公司创新：高管海外背景重要吗？》，《国际商务研究》2019年第5期。

苗绿：《在外中国留学人员团体发展现状》，《神州学人》2019年第7期。

盛明泉、蒋世战、盛安琪：《高管海外经历与企业全要素生产率》，《财经理论与实践》2019年第6期。

王辉耀：《改革开放40年的海归贡献》，《世界教育信息》2019年第6期。

王辉耀：《21世纪留学回国人员现状及发挥其作用的政策建议》，《北京教育学院学报》2019年第4期。

王辉耀：《国际型人才与面向未来的创新城市》，《中关村》2019年第2期。

王辉耀：《当代"海归"赶上了一个伟大时代》，《人才资源开发》2018年第21期。

王辉耀：《改革开放40年：华侨华人的作用及机遇》，《今日中国》2018年第12期。

魏华颖、张乐妍、徐欣楠：《海外留学归国人员就业满意度及其影响因素研究》，《人口与经济》，2018年第6期。

陈怡安：《中国海归回流企业家精神的空间溢出效应研究》，《世界经济文汇》2017年第3期。

路江涌、林道谧、张曦如、杜宏巍：《优化海归高层次人才与本土人才合作机制推进经济发展》，《中国国际财经（中英文）》2017年第21期。

苗绿、王辉耀、郑金连：《科技人才政策助推世界科技强国建设—以国际科技人才引进政策突破为例》，《中国科学院院刊》2017年第5期。

王辉耀：《充分发挥留学人员的重要作用 推进"一带一路"合作共赢》，《留学生》2017年第11期。

王辉耀：《揽海外英才，筑大国梦想》，《人民论坛》2017年第15期。

管耀华：《海归人才城市融入工作探讨》，《特区实践与理论》2016年第4期。

苗绿：《留学生与中国文化的海外传播》，《神州学人》2016年第7期。

苗绿:《为留学人才"松绑"》,《神州学人》2016年第7期。

王辉耀:《"双一流"需要更多海外人才着力》,《神州学人》2016年第3期。

苏沧:《苏州创业园留学归国人员创业就业中的问题与对策》,《唯实(现代管理)》2016年第二期。

孙美佳、胡伟:《政府行政效能对高层次人才集聚的影响研究》,《江苏行政学院学报》2016年第5期。

林道谧、路江涌:《建设促进移动互联网产业海归人才发展创新创业环境研究》,《管理现代化》2015年第5期。

王辉耀:《中国要积极从全世界挖人才》,《智慧中国》2015年第2期。

张曦如:《促进移动互联网产业海归人才与本土人才合作机制研究》,《管理现代化》2015年第5期。

王辉耀:《"一带一路"的海归人才战略》,《神州学人》2015年第10期。

王辉耀:《广纳天下留学英才》,《国际人才交流》2015年第1期。

王辉耀:《进一步发挥留学人才在"一带一路"倡议中的作用》,《留学生》2015年第28期。

王辉耀:《海归回国适应性分析及政策建议》,《留学生》2015年第16期。

王辉耀:《海归如何通过创业引领社会变革》,《留学生》2015年第19期。

王辉耀:《海归创新创业的趋势及方向》,《留学生》2015年第31期。

王辉耀:《让留学人员成为发展"战略资源库"》,《人民日报》2015年7月1日第5版。

王辉耀:《海归是中国科技发展的关键力量》,《神州学人》2014年第11期。

王辉耀、苗绿、郑金连:《从留学"赤字"反思中国国际化人才培养》,

《中国人才》2014 年第 3 期。

王辉耀：《国际移民潮下，中国何去何从》，《中国人才》2013 年第 7 期。

王辉耀：《海归创业，恰逢其时》，《留学生》2013 年第 4 期。

王辉耀：《华人华侨是中国公共外交应该重视的力量—评跨界亚洲的理念与实践》，《公共外交季刊》2013 年第 2 期。

王辉耀、路江涌、林道谧：《海归创业、"类海外"创业环境与海归再本土化研究》，《第一资源》2012 年第 3 期。

王辉耀：《国际化人才积蓄中国崛起之力》，《中国人力资源社会保障》2012 年第 11 期。

王辉耀：《与民企合作：海归创业新模式》，《中国人才》2012 年第 13 期。

王辉耀：《海归的新机遇和新使命》，《大江周刊（焦点）》2011 年第 8 期。

王辉耀：《建议加强留学人才参政议政作用》，《国际人才交流》2011 年第 6 期。

王辉耀：《设立"海外公民证"和"海外华裔卡"吸引人才回流》，《国际人才交流》2011 年第 4 期。

王辉耀：《全球人才战争》，《全球化》2011 年第 Z1 期。

王辉耀、李可：《海纳百川聚全球英才》，《光明日报》2010 年 6 月 18 日第 2 版。

王辉耀：《中国"海归"创业的发展趋势及成功要素》，《第一资源》2010 年第 2 期。

王辉耀：《中国人才战略须着眼于"揽全球人才为我所用"》，《绿叶》2010 年第 7 期。

王辉耀：《高考人数下降背后的留学热》，《留学生》2009 年第 7 期。

王辉耀：《海归们的前世今生》，《中国企业家》2009 年第 18 期。

王辉耀：《金融风暴中的中国学生该如何抉择》，《华人世界》2009年第2期。

王辉耀：《引进人才需要制度化和常态化》，《华人世界》2009年第10期。

王辉耀：《三十年留学人员之变化》，《留学生》2009年第1期。

王辉耀：《海归华人推动中国资本》，《华人世界》2008年第12期。

王辉耀、李爽：《海归—风险投资掌门人》，《21世纪》2008年第3期。

王辉耀：《"海归"现状》，《中国中小企业》2008年第4期。

王辉耀：《中国海归群体发展的十大趋势》，《党政干部文摘》2008年第2期。

王辉耀：《中国留学人员回国30年变迁》，《中国人事报》2008年11月14日第5版。

王辉耀：《国内海待现象解析及对策》，《科学决策》2008年第3期。

王辉耀：《海归创业"三三"现象》，《中国中小企业》2007年第9期。

王辉耀：《新海归 新机遇》，《神州学人》2007年第5期。

王辉耀：《当代海归创业潮》，《南方人物周刊》2006年第27期。

王辉耀：《海归浪抬头，海归潮拍岸》，《经纪人》2006年第3期。

王辉耀：《荟萃留学精英 推动经贸发展》，《神州学人》2006年第10期。

王辉耀：《海归与"空降部队"》，《董事会》2005年第2期。

王辉耀：《海外学子归国的八大理由》，《书摘》2005年第3期。

王辉耀、苗绿、郑金连：《国际人才学概论》，中国人事出版社和中国劳动社会保障出版社2021年版。

王辉耀、苗绿：《中国留学发展报告（2020—2021）》，社会科学文献出版社2020年版。

王辉耀、刘国福：《流动与治理：全球人才、移民与移民法》，世界知识出版社 2019 年版。

王辉耀、苗绿：《人才战争 2.0》，东方出版 2018 年版。

王辉耀：《中国区域国际人才竞争力报告（2017）》，社会科学文献出版社 2017 年版。

王辉耀，苗绿：《中国留学发展报告（2017）》，社会科学文献出版社 201 年版。

王辉耀、张学军等：《21 世纪中国留学人员状况蓝皮书》，华文出版社 2017 年版。

[德] 克劳斯·施瓦布：《第四次工业革命》，李菁等译，中信出版社 2016 年版。

张清仪：《大留学潮：记动荡时代的逐梦青春》，北京联合出版公司 2016 版。

欧美同学会 2005 委员会：《留学改变我的世界》，江苏科学技术出版社 2016 版。

王辉耀、苗绿：《海归者说：我们的中国时代》，中译出版社 2016 年版。

容闳：《西学东渐》，岳麓书社 2015 年版。

王辉耀：《国际人才战略文集》，党建读物出版社 2015 年版。

王辉耀、刘国福、苗绿：《中国国际移民报告（2015）》，社会科学文献出版社 2015 年版。

王辉耀、苗绿：《国际猎头与人才战争》，机械工业出版社 2015 年版。

大里浩秋、孙安石：《近现代中日留学生史研究新动态》，上海人民出版社 2014 年版。

王辉耀：《国际人才竞争战略》，党建读物出版社 2014 年版。

王辉耀、许雎宁：《百年海归　创新中国》，人民出版社 2014 年版。

王辉耀、苗绿：《海外华侨华人专业人士报告（2014）》，社会科学文献出版社 2014 年版。

王辉耀：《移民潮：中国怎样才能留住人才》，中信出版社 2013 年版。

章开沅、余子侠：《中国人留学史》，社会科学文献出版社 2013 年版。

王辉耀、苗绿：《中国海归发展报告（2013）》，社会科学文献出版社 2013 年版。

王辉耀、路江涌：《中国海归创业发展报告（2012）》，社会科学文献出版社 2012 年版。

苗丹国：《出国留学六十年》，中央文献出版社 2010 年版。

王辉耀：《国家战略：人才改变世界》，人民出版社 2010 年版。

王辉耀：《建言中国—海外高层次留学人才看中国》，东方出版社 2010 年版。

王辉耀：《人才战争》，中信出版社 2009 年版。

王辉耀：《中国留学人才发展报告 2009》，机械工业出版社 2009 年版。

冯嘉雪、郭玉梅、郭俐君、王辉耀：《巅峰职业》，中国发展出版社 2007 年版。

王辉耀：《当代中国海归》，中国发展出版社 2007 年版。

王辉耀：《缤纷海归》，中国发展出版社 2007 年版。

胡冰、王辉耀：《创业英雄》，中国发展出版社 2007 年版。

王红茹、王辉耀：《资本推手》，中国发展出版社 2007 年版。

邢学军、王辉耀：《财富裂变》，中国发展出版社 2007 年版。

李政、王辉耀：《叱咤华尔街》，中国发展出版社 2007 年版。

李喜所：《近代留学生与中外文化》，天津教育出版社 2006 年版。

谢长法：《中国留学教育史》，山西教育出版社 2006 年版。

王辉耀：《海归时代》，中央编译出版社 2005 年版。

王辉耀：《创业中国：海归精英 50 人》，中央编译出版社 2005 年版。

钱刚、胡进草：《留美幼童》，文汇出版社 2004 年版。

中国侨联经济科技部编：《走向成功—海归创业谈》，中央编译出版社 2004 年版。

尚小明：《留日学生与清末新政》，江西教育出版社 2002 年版。

丁石孙：《上下求索—中国海外学子的风采》，中国青年出版社 2000 年版。

李滔：《中华留学教育史（1949 年以后）》，高等教育出版社 2000 年版。

刘萧：《挺进美利坚——二十世纪留美精英谱》，河北大学出版社 2000 年版。

陈树荣：《真实的倾诉——留学生手记》，中华工商联合出版社 1999 年版。

王大珩、叶笃正主编：《我的事业在中国——留学与奉献》，上海教育出版社 1999 年版。

联合国教科文组织：《世界教育报告（中文版）》，1998 年版。

钱宁：《留学美国》，江苏文艺出版社 1997 年版。

舒新城：《近代中国留学史》，上海文化出版社 1989 年版。

周一良：《中外文化交流史》，河南人民出版社 1989 年版。

汪一驹：《中国知识分子与西方》，（台北）久大文化股份有限公司 1978 年版。

伍德海：《中华年鉴》（下册），中华年鉴社 1948 年版。

Miao Lu, Zheng Jinlian, Jean Jason Allan, et al., China's International Talent Policy (ITP): The Changes and Driving Forces, 1978-2020, *Journal of Contemporary China*, October 2021.

Zweig David and Wang Huiyao, "The Best are yet to Come": State Programs,

Domestic Resistance and Reverse Migration of High-level Talent to China, *Journal of Contemporary China*, Vol. 29, No. 125, September 2020.

Zweig David and Wang Huiyao, Can China Bring Back the Best? The Communist Party Organizes China's Search for Talent, *China Quarterly*, Vol. 215, September 2013.

Wang Huiyao, Competing for Talent in the International Arena, *China Today*, Vol. 60, No. 11, November 2011.

Wang Huiyao and Zweig David, China's Diaspora and Returnees: Impact on China's Globalization Process, Conference Papers, sponsored by International Studies Association, 2009.

Wang Huiyao, Undertakings of Chinese Returnees: Influences, Strategies and Performance, United Kingdom, Ph.D. dissertation, University of Manchester, 2009.

Wang Huiyao and Miao Lu, *China's Domestic and International Migration Development*, Springer, 2019.

Miao Lu and Wang Huiyao, *International Migration of China: Status, Policy and Social Responses to the Globalization of Migration*, Singapore, Springer, 2017.

Wang Huiyao and Liu Yipeng, *Entrepreneurship and Talent Management from a Global Perspective: Global Returnees*, United Kingdom, Edward Elgar Publishing, 2016.

Wang Huiyao and Bao Yue, *Reverse Migration in Contemporary China*, United Kingdom, Palgrave Macmillan Press, 2015.

Wang Huiyao, *Globalizing China: The Influence, Strategies and Successes of Chinese Returnees*, United Kingdom, Emerald Publishing, 2012.

Zhang Wenxian, Wang Huiyao and Alon Ilon, *Entrepreneurial and Business*

Elites of China: The Chinese Returnees Who Have Shaped Modern China, United Kingdom, Emerald Publishing, 2011.

Wang Huiyao, *The Mobility of Chinese Human Capital. Movement of Global Talent: The Impact of High Skill Labor Flows from India and China*, Policy Research Institute for the Region, Princeton University Press, 2007.

全球化智库（CCG）
留学海归研究、活动大事记

2002 年

10 月 17 日，欧美同学会在北京成立欧美同学会商会，欧美同学会商会是为满足活跃在中国经济界和商界的广大留学人员的需求和适应中国经济改革开放新时代发展的需要，搭建的一个新平台，旨在更好地为广大企业界和商界的留学人员服务，推动中国经贸商务事业的发展，团结更多的留学人员为中国的经济建设服务。王辉耀当选为欧美同学会商会创始会长。

2003 年

10 月 8 日，欧美同学会在北京人民大会堂举办第一届"中国留学人员回国人员创业与发展论坛"，这是欧美同学会庆祝其诞辰九十周年系列活动的重要部分。会议由欧美同学会主办，欧美同学会商会承办。本次论坛旨在分析世界范围内中国留学人员回国创业的现状与趋势，结合新形势下中国经济发展的客观要求，总结留学人员回国创业与发展的新成就，切实反映回国留学人员群体在创业与发展过程中的"现实所需，人心所向"。

2005 年

1 月，王辉耀著《海归时代》由中央编译出版社出版。这是国内第一部对中国当代"海归"进行全方位大扫描的读本，该书对改革开放以来的留学潮和回归潮作了深入探讨和全面总结。

1 月，王辉耀主编《创业中国——海归精英 50 人》由中央编译出版社出版。图书通过对活跃在中国商界并取得杰出成就的"海归"代表的采访，总结出"海归"创业精英独特的成功路径，为"海归"创业者和走向国际化的职业商务人士提供借鉴。

9 月 30 日，中国留学人员回国创业与发展座谈会暨欧美同学会商会 2005

年理事会在北京人民大会堂隆重举行。

11月20日，欧美同学会商会2005委员会在北京成立，2005委员会是欧美同学会商会所属的高端"海归"的组织，主要致力于广泛联系海内外商务人士，为中国的进步与发展提供战略性、可行性、及时性的意见和建议，为中国现代化进程提供国际视野。王辉耀当选为2005委员会创始理事长。

11月25日，欧美同学会第二届中国留学人员回国创业发展论坛在"中国留学生之父"容闳的故乡——珠海隆重开幕。会议由欧美同学会主办，欧美同学会商会承办。论坛开幕式上，全国人大常委会原副委员长、欧美同学会原会长韩启德为论坛发来贺信表示，论坛的召开，顺应了留学人员回国创业与发展的大好形势，对于更好地推动留学人员回国开创事业，研究如何在新的形势和条件下凝聚更多新一代的留学人员回国参与国家建设，都有着非常积极的意义。

2006年

7月—10月，由教育部发起组织，教育部留学服务中心、科技部火炬中心、中国留学人员广州科技交流会组委会办公室、威海经济技术开发区管委会、欧美同学会商会等共同举办了首届"春晖杯中国留学人员创新创业大赛"。

10月28日，欧美同学会2006北京论坛暨第三届中国留学人员回国创业发展与交流大会在北京举办，会议由欧美同学会主办，欧美同学会商会承办。全国人大常委会原副委员长、欧美同学会原会长韩启德出席大会开幕式并致辞，中央统战部、人事部、科技部领导出席开幕式并讲话。论坛以"新海归，新机遇"为主题，上百位"海归"代表发言，近千名海内外留学人员及专家学者参会。

2007 年

1月25日，经国务院批准，由欧美同学会发起的，我国面向海内外留学人才的全国性公募基金会——中国留学人才发展基金会在民政部正式登记注册，并于4月9日在人民大会堂举行成立大会。时任全国人大常委会副委员长、欧美同学会会长韩启德，时任全国政协副主席、中共中央统战部部长刘延东共同为基金会揭牌。时任欧美同学会副会长王辉耀作为"海归"代表进行大会发言。

10月，王辉耀主编《海归推动中国》系列丛书由中国发展出版社出版。分别由王辉耀著《当代中国海归》、王辉耀编《缤纷海归》、神州学人编《魅力学者》、胡冰著《创业英雄》、刑学军著《财富裂变》、李政著《叱咤华尔街》、王红茹著《资本推手》、冯佳雪等著《巅峰职业》等共八本研究当代留学人员的著作。

10月28日，欧美同学会2007北京论坛暨第四届中国留学人员回国创业发展与交流大会在京召开，论坛由欧美同学会主办，欧美同学会商会承办。全国人大常委会原副委员长、欧美同学会原会长韩启德，统战部、人事部、科技部等领导出席，来自不同领域的留学归国人员和其他社会各界人士近500人参加了大会。这次大会的主题是"新海归，新使命"。嘉宾就"海归的新使命""中国股市和房市""海归就业与创业""互联网创新与新媒体趋势"等议题进行探讨。

2007年度，欧美同学会建言献策委员会成立，欧美同学会建言献策委员会旨在凝聚社会各界力量，整合资源，集中优势，充分调动海内外留学人员建言献策的积极性，通过实施和组织好有关调研和研究工作，为国家的强盛和民族的振兴建言献策。王辉耀当选为欧美同学会建言献策委员会首任主任。

2008年

4月25日，中组部举办《全国人才队伍建设中长期规划纲要》编制工作专家会议。会上，欧美同学会时任副会长王辉耀被中央人才工作协调小组聘请为"国际人才竞争战略"专题研究组组长。

2008年，全球遭遇了近百年来最猛烈的金融海啸，世界经济走到了一个历史转折点。这一年也是中国改革开放30周年和中国融入全球化的30年。在这一年，中国首次举办举世瞩目的北京2008夏季奥运会，这象征着中国以崭新的姿态登上世界舞台，"同一个世界，同一个梦想"。面对全球化新时代的到来，为了推动全球化的持续发展，王辉耀和苗绿联合创办了全球化智库（CCG）。该智库是中国第一个以"全球化"命名的研究机构。

2009年

5月31日，全球化智库（CCG）邀请国内外有关专家学者举办了"新加坡人才战略对中国启示"月度建言献策座谈会，新加坡国立大学东亚研究所原主任郑永年教授专门介绍了新加坡的人才战略与经验。

6月26日，欧美同学会和中信出版社在欧美同学会报告厅举办"人才回归改变中国"研讨会暨王辉耀著《人才战争》一书的首发式。这是国内第一本全面分析全球化时代日渐激烈的人才战争的著述，对各国人才吸引模式和人才发展规律进行了全面总结。

8月17日，由欧美同学会主办、全球化智库（CCG）参与组织的第一届海外高层次留学人员座谈会在北京成功举办。座谈会由全国人大常委会原副委员长、欧美同学会原会长韩启德主持，来自中组部、中央统战部、教育部、科技部、中科院、中国工程院和欧美同学会等有关领导出席了会议。包括清华大学生物系原主任施一公、北京大学生命科学学院原院长饶毅、清华大学公共管理学院原院长薛澜、北京大学工学院原院长陈十一、美国布鲁金斯学会高级研究员李成、美国耶鲁大学教授陈志武、新加坡国立大学东亚研究所原所长郑永年、美国麻省理工学院商学院教授黄亚生等来自美、英、法等10多个国家和地区的海外留学人员、国内应邀留学人员，欧美同学会和国内部分省区市留学人员团体负责人约110余人参加了会议。

10月，王辉耀主编《中国留学人才发展报告（2009）》由机械工业出版社出版。作为专门研究中国留学人才发展的首部蓝皮书，该书汇聚了国内外众多研究中国留学人才问题的学者、专家，以及在出国留学管理和服务岗位上长期关注这一问题的工作人员的研究成果。

2009年度，由全球化智库（CCG）举办的"海外高层次人才引进计划建言献策座谈会"召开，全国人大原副委员长、欧美同学会原会长韩启德以及中组部、人社部、统战部等有关领导参加了会议，清华大学生物系原主任施一公、清华大学公共管理学院原院长薛澜、北京大学生命科学院原院长饶毅等专家学者一起对海外高层次人才引进计划的实施、完善进行了深入探讨。

2010年

4月，王辉耀著《国家战略——人才改变世界》由人民出版社出版。图书从全球化背景及国家战略高度对国际人才竞争进行了系统研究，成为许多省市和机关单位中心学习组的必读书。

5月，王辉耀主编《建言中国——海外高层次留学人才看中国》由东方出版社出版。该书围绕中国的人才和教育、中国模式与中国形象、中国经济转型与对策等话题收集了35篇主要由海外高层次留学人才撰写的文章。

6月27日，欧美同学会北京论坛暨第五届中国留学人员回国创业与发展论坛在北京举行。论坛由欧美同学会主办，全球化智库（CCG）等机构承办。全国人大常委会原副委员长、欧美同学会原会长韩启德、国家人社部原副部长王晓初等领导出席开幕式并讲话。大会的主题是"新人才，新机遇，新发展"。嘉宾就"国家战略与人才强国的新使命""低碳经济在中国的发展"等议题进行了探讨。

9月27日，欧美同学会举办第二届海外高层次人才座谈会，全球化智库(CCG)协办了这次座谈会。中组部、人社部、统战部、科技部、中国科学院以及欧美同学会等有关部门领导出席会议。包括新加坡国立大学李光耀公共政策学院教授黄靖、美国卡特中心中国项目主任刘亚伟、美国杜克大学政治学教授史天健等来自美、英、法十多个国家和地区的海外高层次人才及国内留学人员代表参加了座谈。

2011年

1月12日，为完善留学人员回国创业服务体系，配合实施中国留学人员回国创业启动支持计划，进一步加大对留学人员回国创业的支持力度，由人力资源社会保障部、欧美同学会共同发起的中国留学人员回国创业专家指导委员会在北京成立。时任欧美同学会副会长兼商会会长，建言献策委员会主任王辉耀担任中国留学人员回国创业专家指导委员会副主任。

8月20—21日，欧美同学会举办第三届海外高层次人才座谈会，全球化智库(CCG)协办了这次座谈会。全国人大常委会原副委员长、欧美同学会原会长韩启德等出席会议。包括哈佛大学肯尼迪学院亚洲研究所常务主任张伯赓、新加坡南洋理工大学人文学院院长刘宏、英国诺丁汉大学当代中国学学院院长姚树洁、纽约大学比较文学系教授张旭东等来自美国、英国、法国、德国、俄罗斯、日本等11个国家的52名海外代表出席会议。会议围绕"十二五时期中国发展的机遇和挑战"主议题进行探讨，并就"文化发展与民族复兴""经济结构战略性调整与国家未来发展""保障和改善民生与社会和谐发展"和"中国企业海外发展与对外经济合作"四个分议题建言献策。会后,参会海外代表前往杭州、广西等地进行为期2天的考察交流。

8月25日,欧美同学会北京论坛暨第六届中国留学人员创新创业论坛在京举办。本次论坛由欧美同学会主办,苏州市人民政府、中国留学人员回国创业专家指导委员会、全球化智库(CCG)等机构承办。论坛以"新人才,新理念,新传承"为主题,全国人大、中组部、统战部、人社部、国家外专局等有关部门领导参与大会,海外高层次人才代表、国内外知名专家学者、回国创新创业的优秀海归代表、国内外优秀留学人员、创业企业家、投资专家、跨国公司高管、有关科教文卫机构人员和创业园代表等社会各界精英共600多人参加了本届论坛。

12月19日,全球化智库(CCG)在广州第十四届留交会上举办了中国首次海外高层次人才国际研讨会,来自全世界各地100多位专家、学者和留学人员研讨了中国留学人员与国际人才流动现象。中组部、国务院侨办和广州留交会领导到会祝贺。

2012年

1月,王辉耀、路江涌著《海归创业企业与民营企业对接合作与对比研究报告》由北京大学出版社出版。图书紧密结合海归创业和本土创业实践,通过对案例的深入分析提取海归创业和本土创业的异同,为相关领域学者、政策制定者和企业提供了具有实用价值和理论指导意义的参考。

6月15日,第二届中国人才发展论坛在深圳召开,600多位来自全国各地的业内专家共聚一堂,共谋人才发展之策。中国人才发展论坛是由国家人力资源和社会保障部发起主办的国家层面的首个人才论坛。其中,全球化智库

（CCG）承办了"海归"海外人才分论坛，邀请了海内外众多专家学者，各地负责人才工作的政府官员为中国的人才强国战略献计献策。

7月，王辉耀、路江涌编著的国内第一本关于中国海归创业发展的蓝皮书《中国海归创业发展报告（2012）》由社会科学文献出版社出版。图书在实地访谈、问卷调查和政策梳理的基础上，分析了"海归"人才回国发展的优劣势，比较了"海归"创业和本土创业面临的机会和挑战。在全面把握当前海归大潮中"海归"人才发展的现状、政策和趋势的基础上，为"海归"人才回国发展描述整体情况、梳理政策脉络、提出多角度和操作性建议及理论指导。

9月，由欧美同学会主办，全球化智库（CCG）承办的欧美同学会北京论坛暨第七届中国留学人员创新创业论坛，在北京隆重举行，会上还举行了王辉耀主编的国内第一本系统研究留学发展现状、特点及热点问题的蓝皮书《中国留学发展报告（2012）》的发布仪式。时任欧美同学会副会长，中国留学人员回国创业专家指导委员会副主任王辉耀代表中国留学人员创业专家指导委员会发布首批21家"最具成长潜力的留学人员创业企业"名单。

11月，王辉耀、刘国福主编的国内第一部国际移民报告《中国国际移民报告（2012）》由社会科学文献出版社出版，该书深入分析和论证了中国国际移民的新变化和大趋势。

王辉耀著 *Globalizing China: The Influence, Strategies and Successes of Chinese Returnees* 由英国 Emerald Publishing 出版发行。该书探讨了近年来出现的新的海归现象和海归企业家的作用和影响，是关于中国在全球化进程中发挥何种作用的重要实证研究成果。

2013年

1月，王辉耀著《移民潮：中国怎样才能留住人才？》由中信出版社出版。

该书系统分析了美国等主要发达国家的移民和绿卡制度以及我国近年涌现出的移民潮新特点，深刻解读了我国现有的对移民现象的研究和国家有关政策，对中国人才战略发展的现状和前景提出全新的见解和思路。

9月，王辉耀、苗绿编著《中国留学发展报告(2013)》由社会科学文献出版社出版。该书综述了近年全球留学的发展现状与特点，并在调研的基础上，分析了中国留学发展的最新情况。

10月，由王辉耀、苗绿编著的《中国海归发展报告（2013）》提出，应把欧美同学会打造成最具国际视野的留学人员建言献策智库、搭建中国留学人才最丰富的人才库、发挥欧美同学会国际交流和民间外交的作用等建议。习近平总书记出席欧美同学会成立100周年庆祝大会并发表重要讲话，指出，面对新形势新任务，欧美同学会要努力成为留学报国的人才库、建言献策的智囊团、开展民间外交的生力军。

10月13日，由欧美同学会主办，全球化智库和南方国际人才研究院承办的欧美同学会北京论坛暨第八届中国留学人员创新创业论坛在北京隆重举行。全国政协原副主席、欧美同学会原会长韩启德，欧美同学会原副会长傅志寰，国家人力和社会保障部原副部长王晓初，国务院侨办原副主任何亚非等领导出席开幕式。几十位国内外顶尖的海归精英代表研讨，800多名来自海内外的留学人员和欧美同学会会员等踊跃参加论坛，共同纪念有着光荣海归精神与传统的欧美同学会百年华诞，探讨海归在中国的发展。论坛上还公布了新一批中国留学人员回国创业专家指导委员会创业导师名单，并向2013年度"最具成长潜力的留学人员创业企业"授匾。

大会论坛之后，欧美同学会北京论坛还举办联谊会晚宴，来自全国和世界各地的留学人员及各界人士欢聚一堂。欧美同学会原副会长王辉耀致祝酒词。晚宴还特别邀请到了澳大利亚前总理陆克文等重量级嘉宾到场，会员们举办了丰富多彩的活动，还表演了"再别康桥"的诗朗诵，共同祝贺欧美同学会百年华诞。

此外，全球化智库（CCG）还举办了"欧美同学会建会100周年建言献策座谈会"。全国政协原副主席、欧美同学会原会长韩启德以及人社部、中组部等领导出席了座谈会。美国布鲁金斯学会约翰桑顿中国中心研究主任李成、新加坡国立大学东亚研究所原所长郑永年、德国波恩大学国际关系学终身讲座教授辜学武、英国爱丁堡大学中国研究主任侯文轩等专家学者参会讨论。

12月7日，由全球化智库(CCG)举办的"海外高层次人才引进计划工作建言献策座谈会"召开，清华大学生命学院原院长施一公、北京大学原副校长陈十一、北京大学生命科学学院原院长饶毅等专家学者以及中组部、人社部、统战部相关领导参加了会议，会议围绕"完善海外高层次人才引进计划工作和建立退出机制"进行了深入探讨。

2014年

1月，王辉耀、刘国福主编《中国国际移民报告（2014）》由社会科学文献出版社出版。该书从全球视角出发，对中国国际移民进行了全面分析，梳理了中国对世界主要国家和地区的移民数据，总结了2012—2013年中国国际移民的特征等内容。

3月，王辉耀主编《百年海归 创新中国》由人民出版社出版。这本书为欧美同学会百年建会献礼纪念图书，记录了我国一个半世纪以来留学人员在政治、经济、科技、文化、卫生等各个领域的重大贡献和影响。

4月，王辉耀著《国际人才竞争战略》由党建读物出版社出版。该书讲述了国外人才发展经验，为我国实施人才强国战略提供参考。

8月，王辉耀、苗绿著《海外华侨华人专业人士报告（2014）》由社会科学文献出版社出版。这是国内首次发布针对海外华侨华人专业人士群体研究的蓝皮书。该书结合国际人才发展理论总结了我国海外华侨华人专业人士发展的特殊规律和特点，结合实际调研和访谈从政策层面解读了海外华侨华人专业人士面临的实际问题并提出了具体建议。

8月，由欧美同学会主办，全球化智库承办的第九届中国留学人员创新创业论坛在北京隆重举行。本届论坛的主题是"国际人才与中国机遇"。教育部原副部长刘利民、国务院侨办原副主任何亚非等领导莅临论坛并发表讲话。论坛开幕式上，时任人社部中国留学人员创业专家指导委员会副主任王辉耀还发布了"2014年度最具成长潜力的留学人员创业企业。"

12月，王辉耀、苗绿编著《中国留学发展报告(2014)》由社会科学文献出版社出版。该书综述了2013—2014年全球及中国留学发展的现状、特点和趋势，总结了中国留学的新特征等内容。

2015年

2月，王辉耀、刘国福、苗绿主编的《中国国际移民报告(2015)》由社会科学文献出版社出版。该书综述了全球国际移民的新动向，重点梳理了2013—2014年中国海外移民在美国、加拿大、澳大利亚、英国、挪威等国家的现状，总结了中国国际移民的新特点和发展趋势等。

3月，王辉耀著《国际人才战略文集》由党建读物出版社出版。图书涵盖了国际人才竞争形势、世界各国的人才战略、中国人才引进的必要性与迫切性、中国人才引进的现状及问题，对中国在国际人才竞争中的定位提供了多层次、全方位的论述，同时也为中国提供了世界各国在实施人才战略过程中的经验教训以供借鉴。

8月16日，由欧美同学会主办，全球化智库（CCG）承办的第十届中国留学人员创新创业论坛在北京隆重召开。本届论坛以"大众创业，万众创新"为主题，深入探讨了海内外留学人员如何在促进建设创新型国家、实施"一带一路"战略、开展民间外交等方面发挥自身的优势，开创"海归中国"创业创新的新局面。

10月，王辉耀、苗绿编著《中国留学发展报告(2015)》由社会科学文献出版社出版。全书由总报告、调查篇、区域篇、专题篇和附录篇组成。其中总报告从宏观角度分析了全球留学发展的现状和趋势，研究了中国2014年留学发展的现状与特点，就缩小"留学赤字"、提升中国留学软实力、开发"留学红利"等方面提出建议。

12月21—22日，在第17届中国留学人员广州科技交流会上，全球化智库（CCG）与中国国际人才专业委员会联合发布"2015年度中国留学人员创新创业50人"榜单，推荐了2015年度在各领域做出杰出贡献的留学人员。金立群、施一公、钱颖一、李稻葵等50位杰出留学人员榜上有名。时任欧美同学会副会长，中国留学人员回国创业专家指导委员会副主任王辉耀发布"2015最具成长潜力留学人员创业企业。"

2016年

1—2月，王辉耀、苗绿主编《海归者说：我们的中国时代》《那些年，我们怎样创业》《世界这么大，我们创业吧》由中央编译出版社出版。

其中，《海归者说：我们的中国时代》记录了40位当代海归精英鲜为人知的人生故事，围绕大时代背景下的个人选择和人生际遇，完整呈现了他们的留学经历、个人奋斗和家国情怀。《那些年，我们怎样创业》运用实地调研、采访与文献梳理方法，选取曹德旺等40位企业家，讲述了他们的创业历程和关键抉择。《世界这么大，我们创业吧》通过成功创业者的经历及体会，为创业新手提供指导。

7月，王辉耀、鲍越著 Reverse Migration in Contemporary China：Returnees, Entrepreneurship and the Chinese Economy 由 Palgrave Macmillan UK 出版发行。该书对近年来渐增的"海归"人员进行了深入的实证研究，分析了"海归"人才的构成、现状、回国创业情况，"海归"人才对中国经济发展的作用等内容。

7月31日，由欧美同学会主办，全球化智库（CCG）承办的第十一届中国留学人员创新创业论坛在北京隆重召开。本次会议从人才强国战略和建设一支规模宏大、富有创新精神、敢于承担风险的留学归国创新型人才队伍的目标出发，围绕"新时期海归企业对中国经济的推动与影响""中国海归创新创业的机遇与挑战""海归职业发展与继续教育"等议题举行圆桌论坛。

12月，王辉耀、苗绿编著《中国留学发展报告（2016）》由社会科学文献出版社出版。报告分析了全球化时代中国留学和赴华留学的发展现状与趋势，留学低龄化、反向留学、留学人员回国就业和创业的主要特点、"海归"创业、从政意愿等为本报告关注重点。

12月22日，在2016中国海外人才交流大会暨第18届中国留学人员广州科技交流会上，CCG与中国留学人员回国服务联盟联合发布了"2016年度中国留学人员创新创业50人榜单"。CCG主任，时任中国留学人员回国创业专家指导委员会副主任王辉耀发布"2016最具成长潜力海归创业企业"推介榜单。

2017年

3月，王辉耀、张学军主编的《21世纪中国留学人员状况蓝皮书》由华文出版社出版。该书通过扎实的调查研究，以客观的数据统计、分析为基础，描摹出新世纪中国留学人员的主要特征及变化发展趋势。

7月，王辉耀主编的《中国区域国际人才竞争力报告（2017）》由社会科学文献出版社出版。全书由总报告、理论篇、区域篇、专题篇、政策篇、附录篇组成，反应了我国区域国际人才竞争力的发展情况和特点，为提升我国的国际人才竞争力提出建议。

8月12日，由欧美同学会主办，全球化智库（CCG）承办的第十二届中国留学人员创新创业论坛在北京隆重召开。国内外知名企业负责人、领先创业者、专家学者等嘉宾围绕新经济形势下"海归"人才在创新创业中的探索展开深入研讨，近800位来自社会各界的"海归"精英参会。

10月，王辉耀、苗绿所著 *International Migration of China: Status, Policy and Social Responses to the Globalization of Migration* 由施普林格出版集团出版发行。该书在全球化和全球移民潮流视角下，探索中国国际移民的新变化、新趋势。以中国国际移民日益成为中国社会重要部分为背景，总结了30年来中国国际移民数量、群体及类型发生的重大变化，研究、分析中国的国际移民现状和特点，特别是中国国际人才移民的现象、类别，"海归"人才及国际移民在中国的障碍与突破，包括签证政策和人才吸引项目在内的中国移民政策的演变，并对在中国建立有国际竞争力的人才体系提出专业建议。

12月21日，全球化智库（CCG）在"2017中国海外人才交流大会暨第19届中国留学人员广州科技交流会"上发布"2017年度中国留学人员创新创业50人"榜单。CCG理事长、时任欧美同学会副会长、中国留学人员回国创业专家指导委员会副主任王辉耀发布"2017年度最具成长潜力的留学人员创业企业"榜单。

12月，王辉耀、苗绿编著《中国留学发展报告（2017）》由社会科学文献出版社出版。该书汇聚了留学发展领域的权威专家和学者的观点，在调查研究基础上，展现了2016—2017年度全球留学的最新发展概况及中国留学的发展现状等内容。

2018 年

1 月，王辉耀、苗绿著《人才战争 2.0》由东方出版社出版。该书介绍了国际人才流动情况及全球人才市场未来的趋势，详细分析了美国、加拿大、澳大利亚、德国、法国、英国、日本等国家吸引高端人才的举措和移民政策，根据他国的经验提出了很多切实可行的方案和建议。

6 月，王辉耀、苗绿主编《中国国际移民报告（2018）》由社会科学文献出版社出版。该报告以多元视角，对西方国家的移民现状与政策取向、中国的移民新政与治理方式等内容进行了全面梳理，并进一步解析了全球移民政策趋势、国际移民与人才流动等备受国人关注的议题。

8 月 19 日，由欧美同学会主办，全球化智库（CCG）承办的第十三届中国留学人员创新创业论坛在北京隆重召开。50 余位国内外知名企业负责人、领先创业者和专家学者围绕"改革开放 40 年伟大历史进程和新时期留学人员使命"主题深入研讨，来自各国别分会、各省市分会近 800 位"海归"精英共襄盛会。

12 月 22 日，在 2018 中国海外人才交流大会暨第 20 届中国留学人员广州科技交流会上，全球化智库（CCG）、中国人才研究会国际人才专业委员会和中国留学人员回国服务联盟联合发布"中国改革开放海归 40 年 40 人"榜单，致敬改革开放以来留学回国人员的杰出代表。[1]

2019 年

5 月，王辉耀、苗绿主编的 *China's Domestic and International Migration Development* 由斯普林格出版集团出版。图书涵盖了对中国国内和国际移民发

---

[1] 参见全球化智库官网：http://www.ccg.org.cn/archives/37075。

展的最新评估与研究成果，提出了关于人才和移民政策完善与改进的可行性建议，对未来政府加强移民管理具有重要的参考价值。

7月，王辉耀、刘国福主编《流动与治理：全球人才移民与移民法》由世界知识出版社出版。该书主要由侨文化与国际战略、国际人才流动、培养与社会融入、中国移民法制研究等六部分构成。汇聚了来自国内外研究人才流动等领域的著名专家学者的真知灼见，展现了相关领域的最新研究成果。

8月17日，由欧美同学会主办，全球化智库（CCG）承办的第14届中国留学人员创新创业论坛在京举行。来自国内外知名企业界、创投界、学术界等近50位创新创业精英和专家、学者围绕"新中国成立七十周年——新时代留学人员发展的机遇与挑战"主题深入研讨，近800位留学人员和海归共襄盛会。

12月18日，在中国海外人才交流大会暨第21届中国留学人员广州科技交流会上，全球化智库（CCG）与中国国际人才专业委员会联合发布"中国海归70年70人"榜单，致敬70年间取得开创性成果的海归代表人物。[1]

2020年

12月，王辉耀、苗绿、郑金连编著《国际人才学概论》由中国人事出版社出版。图书系统构建国际人才管理与开发框架体系，实证研究国际人才流动与开发，为国际人才竞争与管理实践提供系统管理思路与技术方法，填补了我国国际人才研究专项研究教科书空白。

12月18日，"2020中国留学人员创新创业50人"推荐榜单在教育部、欧美同学会、广州市人民政府共同主办的"2020中国海外人才交流大会暨第22

---

[1] 参见全球化智库官网：http://www.ccg.org.cn/archives/40102

届中国留学人员广州科技交流会"上发布。

2021年

1月,王辉耀、苗绿编著《中国留学发展报告(2010—2021)》由社会科学文献出版社出版。该报告反映了我国留学发展的最新情况,解读了新冠肺炎疫情下国内外留学发展的最新趋势。

1月,王辉耀、苗绿编著《中国国际移民报告(2020)》由社会科学文献出版社出版。该书为准确理解新形势下移民的基本特征和发展趋势,推动后疫情时期人口更安全、更有序地流动,助力提升中国国际移民治理能力现代化和国际人才竞争力提供了全面信息。

12月18日,"2021中国留学人员创新创业50人"推荐榜单在教育部、欧美同学会、广州市人民政府共同主办的"2021中国海外人才交流大会暨第23届中国留学人员广州科技交流会"上发布。

附录一：我国关于出国留学人员相关文件摘选（1978—2020年）[1]

---

[1] 作者根据国务院、教育部、人力资源和社会保障部、外交部、欧美同学会等相关资料整理而得。

1978 年

8月4日，教育部印发《关于增选出国留学生(进修生和研究生)的通知》。

1979 年

6月3日，教育部、国家科委和外交部联合印发《出国留学人员管理教育工作的暂行规定(试行)》[(79)教留字037号]和《出国留学人员守则(试行)》[(79)教留字037号]。

1980 年

1月26日，教育部印发《关于增设出国留学生预备部并加快建设的意见》。

1981 年

1月14日，国务院批转教育部等七部门联合印发《关于自费出国留学的暂行规定》(国发〔1981〕13号文件)。

1982 年

1月30日，教育部印发《关于加强出国留学预备人员培训工作的意见》和《出国留学预备人员培训工作部管理教育工作暂行规定》。

3月31日，中共中央印发《关于自费出国留学若干问题的决定》(中发〔1982〕20号)。

4月2日，教育部印发《关于1982年试行选拔出国攻读博士学位研究生的通知》。

7月16日，国务院批转教育部、公安部、外交部和劳动人事部印发重新制定的《自费出国留学的规定》(国发〔1982〕101号)。

1983 年

9月13日，劳动人事部、教育部、公安部和财政部联合印发《毕业留学生分配派遣暂行办法》。

1984 年

4—9月，根据中央"对自费留学，要坚决大胆放开"的指示精神，教育部牵头组成自费留学问题调研小组，会同公安部、国家科委、外交部、财政部和劳动人事部对原有于1982年印发的《自费出国留学的规定》进行了修改。

1985 年

9月26日，中德(民)签订《中华人民共和国政府和德意志民主共和国政府关于交换和接受进修生、研究生和大学生的协定》，有效期为五年，并取代1965年7月15日双方签订的《互派大学生、研究生和进修生的协定》。

1986 年

5月4日，《中共中央、国务院关于改进和加强出国留学人员工作若干问题的通知》(中发[1986]11号)印发，明确了"按需派遣、保证质量、学用一致"的出国留学人员工作方针。

12月13日，国务院印发《国务院批转国家教育委员会<关于出国留学人员工作的若干暂行规定>的通知》(国发〔1986〕107号)。

1987 年

7月8日，国家教委、财政部和外交部联合印发《关于国家公派出国留学人员经费管理的暂行规定》。

1991 年

12月4日，国家教委党组印发《关于做好出国留学人员政治考核工作的意见》(国家教委教党〔1991〕151号)

1992 年

8月12日，国务院办公厅印发《关于在外留学人员有关问题的通知》(国办发〔1992〕44号)。

1993 年

11月4日，中共十四届三中全会通过《关于建立社会主义市场经济体制若干问题的决定》(中发〔1993〕13号)，明确出国留学工作方针为"支持留学，鼓励回国，来去自由"。

1995 年

4月4日，国家教委印发《改革国家公费出国留学选拔管理办法的方案》。

1999 年

8月24日，教育部、公安部、国家工商行政管理总局印发《自费出国留学中介服务管理规定》(教育部、公安部、国家工商行政管理局令第5号)和《自费出国留学中介服务管理规定实施细则》(教育部、公安部、国家工商行政管理局令第6号)

2000 年

1月3日，教育部印发《关于妥善解决优秀留学回国人员子女入学问题的意见》(教外留〔2000〕1号)。

6月21日,科学技术部、人事部和教育部联合印发《关于组织开展国家留学人员创业园示范建设试点工作的通知》(国科发火字〔2000〕257号)。

7月6日,人事部印发《关于鼓励海外高层次留学人才回国工作的意见》(人发〔2000〕63号)。

2001年

1月15日,人事部印发《留学人员创业园管理办法》(人发〔2001〕7号)。

3月,《全国教育事业"十五"计划》的编制工作完成,其中提出要扩大派出留学人员的规模。

5月14日,人事部、教育部、科技部、公安部和财政部联合印发《关于鼓励海外留学人员以多种形式为国服务的若干意见》(人发〔2001〕49号)。

2002年

4月29日,国务院办公厅转发公安部、外交部、教育部、科技部、人事部等同年3月26日联合制定的《关于为外国籍高层次人才和投资者提供入境及居留便利的规定》(国办发〔2002〕32号)。

5月23日,人事部、科技部、教育部、财政部、国家发展计划委员会、国家自然科学基金委员会、中国科学技术协会等7部门联合印发《新世纪百千万人才工程实施方案》(人发〔2002〕55号)。选拔对象包括回国工作的海外高层次留学人员。

8月26日,人事部印发《关于人事部与地方人民政府共建留学人员创业园的意见》(人发〔2002〕84号)。

2003 年

1月18日，人事部印发《关于开展高层次留学人才回国资助试点工作的意见》（国人部发〔2003〕45号）。

2月19日，人事部、教育部、科技部、财政部等12个部委联合印发《留学人员回国服务工作部际联席会议制度》（国办发〔2003〕11号）。

3月21日，国家人口和计划生育委员会办公厅印发《对〈关于出国留学人员、华侨身份界定及相关问题的请示〉的批复》（计生厅函〔2003〕43号）。

2004 年

4月28日，教育部和国家工商行政管理总局联合印发《自费出国留学中介服务委托合同》（教外监〔2004〕12号）的示范文本并在全国推广使用。

2005 年

3月22日，人事部、教育部、科技部和财政部会同全国留学人员回国服务工作部际联席会议成员单位共同制定并联合印发《关于在留学人才引进工作中界定海外高层次留学人才的指导意见》（国人部发〔2005〕25号）。

2006 年

2月7日，国务院印发《国家中长期科学和技术发展规划纲要（2006—2020年）》，其中第十部分"人才队伍建设"中提出，要加大吸引留学和海外高层次人才工作的力度。

3月14日，第十届全国人民代表大会第四次会议批准《中华人民共和国国民经济和社会发展第十一个五年规划纲要》，其中提出要"鼓励和引导海外留学人员回国工作、为国服务。积极吸引海外高层次人才。"

11月15日，人事部印发《留学人员回国工作"十一五"规划》（国人部发〔2006〕123号）。

2007年

2月15日，人事部、教育部、科技部、财政部、外交部、国家发展改革委、公安部、商务部、人民银行等16个留学人员回国服务工作部际联席会议成员单位的部委以及有关部门共同制定并联合印发《关于建立海外高层次留学人才回国工作绿色通道的意见》（国人部发[2007]26号）。

3月2日，教育部印发《关于进一步加强引进海外优秀留学人才工作的若干意见》（教外留〔2007〕8号）。

7月16日，教育部和财政部联合印发《国家公派出国留学研究生管理规定（试行）》（教外留〔2007〕46号）。

2008年

2月14日，中央人才工作协调小组印发《2008年工作要点》（教人厅[2008]2号），提出在关系国家竞争力和安全的若干战略科技领域，面向海内外选拔一批优秀中青年科技人才，重点支持，大胆使用，努力培养和造就战略科学家和科技领军人才；继续实施"新世纪百千万人才工程""长江学者奖励计划""百人计划""中国青年科技奖"等高层次人才培养项目；加强吸引凝聚海外高层次人才和创新团队工作，完善关于引进海外人才和智力的政策措施，实施吸收凝聚海外高层次科技人才专项工程，年内引进1—2名战略科学家、几十名科技领军人才和数百名高层次紧缺人才；继续实施"海外留学人员归国创业工程""创新团队合作伙伴计划"和"海外智力为国服务计划"。

12月23日，中共中央办公厅转发《中央人才工作协调小组关于实施海外高层次人才引进计划的意见》(中办发[2008]25号)。12月,中组部等部门联合印发《引进海外高层次人才暂行办法》(中组发[2008]28号)《关于为海外高层次人才提供相应工作条件的若干规定》(组通字[2008]56号)和《关于海外高层次引进人才享受特定生活待遇的若干规定》(组通字[2008]58号)。

2009年

2月,中国科协印发《关于贯彻落实海外高层次人才引进工作,深入实施海智计划的指导意见》。

9月21日,人力资源和社会保障部印发《关于实施中国留学人员回国创业启动支持计划的意见》(人社部发〔2009〕112号)。

2010年

6月21日,中共中央政治局召开会议,审议并通过《国家中长期教育改革和发展规划纲要(2010—2020年)》。该纲要指出,要创新和完善公派出国留学机制,在全国公开选拔优秀学生进入国外高水平大学和研究机构学习。加强对自费出国留学的政策引导,加大对优秀自费留学生资助和奖励力度。坚持"支持留学、鼓励回国、来去自由"的方针,提高对留学人员的服务和管理水平。吸引海外优秀留学人员回国服务。

2011年

3月,为贯彻落实教育规划纲要和人才发展规划纲要,提高对在外留学人员的服务和管理水平,推动出国留学事业科学发展,教育部、外交部联合印发《关于进一步做好在外留学人员工作的意见》(教外留〔2011〕12号),为进一步做好在外留学人员工作提出了指导性的意见。

2016 年

4月，中共中央办公厅、国务院办公厅发布的《关于做好新时期教育对外开放工作的若干意见》(中办发〔2016〕10号)进一步对留学教育工作进行了部署，要求"加快留学事业发展，提高留学质量"，在出国留学方面提出"通过完善'选、派、管、回、用'工作机制，规范留学服务市场，完善全链条留学人员管理服务体系，优化出国留学服务"的具体工作举措。

7月，教育部印发《推进共建"一带一路"教育行动》(教外〔2016〕46号)。提出以国家公派留学为引领，推动更多中国学生到沿线国家留学，完善全链条的留学人员管理服务体系。

2017 年

1月，《国家教育事业发展"十三五"规划》(国发〔2017〕4号)将留学教育作为推动教育对外开放的重要途径，提出提高留学教育质量。优化出国留学服务工作，健全留学人员信息化管理服务机制，完善留学人员管理服务体系。加强统筹规划，完善派遣政策，充分发挥国家公派留学对高端人才培养的调控补给作用，加快培养国家战略急需人才。

2019 年

2月，中共中央、国务院印发的《中国教育现代化2035》指出，要开创教育对外开放新格局。强调要"全面提升国际交流合作水平，推动我国同其他国家学历学位互认、标准互通、经验互鉴。扎实推进'一带一路'教育行动。加强与联合国教科文组织等国际组织和多边组织的合作。提升中外合作办学质量。优化出国留学服务"等。

7月3日，人力资源和社会保障部、教育部、公安部、财政部、中国人民银行联合印发《关于做好当前形势下高校毕业生就业创业工作的通知》（人社部发〔2019〕72号），将留学归国人员纳入公共就业人才服务体系。[1]

2020年

6月，《教育部等八部门关于加快和扩大新时代教育对外开放的意见》正式印发。意见提出要优化出国留学工作布局，做强"留学中国"品牌，深化教育国际合作，鼓励开展中外学分互认、学位互授联授，扩大在线教育的国际辐射力。

9月，为贯彻落实党中央、国务院关于减证便民、优化服务的决策部署，深化"放管服"改革，简化留学回国人员办事程序，方便广大留学回国人员工作和生活，教育部发布关于取消《留学回国人员证明》的公告。

---

[1] 参见全球化智库官网：http://www.ccg.org.cn/archives/40102。

附录二：全国留学人员创业园列表[1]

---

[1] 根据教育部留学服务中心、科技技术部火炬高技术产业开发中心等编《中国留学人员创业年鉴2020》资料整理而得。

21世纪以来，我国陆续出台了一系列促进留学人员创业园（简称留创园）建设发展的政策文件。比如2001年1月15日，人事部印发《留学人员创业园管理办法》。2002年8月26日，人事部发布《关于人事部与地方人民政府共建留学人员创业园的意见》。2021年5月，由人力资源和社会保障部组织编制的《留学人员创业园建设和服务规范》正式实施，这是全国首个留创园建设服务规范。根据《中国留学人员创业年鉴2020》，到2019年年底，全国已建成各类留创园310家，基本情况如下表所示：

名称	创建年份	创建单位	行业认定	地址
北京市留学人员海淀创业园	1997年	北京市留学人员服务中心与中关村科技园区海淀园创业服务中心共建	国家级科技企业孵化器（1998年）、国家留学人员创业园示范建设试点单位（第一批，2000年）、国家人事部与北京市人民政府共建单位（2007年）、中国留学人员创业园区孵化基地（第一批，2018年）、北京市级留学人员创业园（第一批，2006年）、中关村海外人才创业园	北京市海淀区上地信息路26号中关村创业大厦
北京市留学人员大兴创业园	1999年	北京市留学人员服务中心与大兴工业开发区开发经营总公司共建	国家级科技企业孵化器（2016年）、中关村海外人才创业园	北京市大兴经济开发区科苑路18号
北京望京留学人员创业园	1999年	北京市留学人员服务中心、北京市朝阳区人事局与望京高新技术产业区管委会共建	国家级科技企业孵化器（2000年）、国家人事部与北京市人民政府共建单位（2002年）、中国留学人员创业园区孵化基地（第一批，2018年）、北京市级留学人员创业园（第一批，2006年）、中关村海外人才创业园	北京市朝阳区利泽中二路望京科技园A座西侧6层

续表

名称	创建年份	创建单位	行业认定	地址
中关村国际孵化园	2000年	北京市留学人员服务中心与中关村高科技产业促进中心、北京首创科技企业投资有限公司等共建	国家级科技企业孵化器（2003年）、中国留学人员创业园区孵化基地（2019年）、北京市级留学人员创业园（第一批，2006年）、中关村海外人才创业园	北京市海淀区上地信息路2号创业园D栋
北大留学人员创业园	2002年	北京大学与中关村科技园区管委会共建	国家级科技企业孵化器（2012年）、中国留学人员创业园区孵化基地（2019年）、北京市级留学人员创业园（第一批，2006年）、中关村海外人才创业园	北京市海淀区中关村北大街127-1号107室
清华留学人员创业园	2002年	清华大学与中关村科技园区管委会共建	国家级科技企业孵化器（2001年）、北京市级留学人员创业园（第一批，2006年）、中关村海外人才创业园	北京市海淀区清华大学科技园创新大厦A座15层
北航留学人员创业园	2003年	北京航空航天大学与中关村科技园区管委会共建	国家级科技企业孵化器（2004年）、中国留学人员创业园区孵化基地（2019年）、北京市级留学人员创业园（第一批，2006年）、中关村海外人才创业园	北京市海淀区学院路35号世宁大厦1401
北京科大留学人员创业园	2003年	北京科技大学与中关村科技园区管委会共建	国家级科技企业孵化器（2006年）、北京市级留学人员创业园（第一批，2006年）、中关村海外人才创业园	北京市海淀区学院路30号方兴大厦6层611室
北京理工留学人员创业园	2003年	北京理工大学与中关村科技园区管委会共建	国家级科技企业孵化器（2009年）、中国留学人员创业园区孵化基地（第一批，2018年）、北京市级留学人员创业园（第一批，2006年）、中关村海外人才创业园	北京市海淀区中关村南大街9号理工科技大厦902室
北邮留学人员创业园	2003年	北京邮电大学与中关村科技园区管委会共建	中关村海外人才创业园	北京市海淀区西土城路10号北京邮电大学综合服务楼5楼510室

续表

名称	创建年份	创建单位	行业认定	地址
中关村软件园留学人员创业园	2004年	中关村科技园区管委会与北京中关村软件园发展有限责任公司、北京高技术创业服务中心等共建	国家级科技企业孵化器（2006年）、中国留学人员创业园区孵化基地（第一批，2018年）、北京市级留学人员创业园（2007年）、中关村海外人才创业园	北京市海淀区东北旺西路8号中关村软件园3号楼1100室
中关村生命科学园留学人员创业园	2004年	北京中关村生命科学园生物医药科技孵化有限公司	国家级科技企业孵化器（2009年）、北京市级留学人员创业园（2012年）、中关村海外人才创业园	北京市昌平区生命园路29号中关村生命科学园创新大厦
中关村科技园区丰台园留学人员创业园	2004年	中关村科技园区丰台园管委会	国家级科技企业孵化器（2004）、北京市级留学人员创业园（2007年）、中关村海外人才创业园	北京市丰台区科兴路9号
中国科学院中科海外人才创业园	2004年	中国科学院与中关村科技园区管委会共建	中国留学人员创业园区孵化基地（第一批，2018年）、中关村海外人才创业园	北京市海淀区中关村南三街6号中科资源大厦518室
北京经济技术开发区留学人员（汇龙森）创业园	2005年	北京经济技术开发区人才交流服务中心与汇龙森国际企业孵化（北京）有限公司共建	国家级科技企业孵化器（2006年）、中国留学人员创业园区孵化基地（2019年）、北京市级留学人员创业园（2007年）、中关村海外人才创业园	北京市北京经济技术开发区科创十四街99号
中国农大留学人员现代农业创业基地	2005年	中国农业大学与中关村科技园区管委会共建	中关村海外人才创业园	北京市海淀区天秀路10号3号楼
中国人民大学留学人员创业园	2005年	中国人民大学与中关村科技园区管委会共建	国家级科技企业孵化器（2014年）、中国留学人员创业园区孵化基地（第一批，2018年）、北京市级留学人员创业园（2012年）、中关村海外人才创业园	北京市海淀区中关村大街45号兴发大厦10层1010
北京工业大学留学人员创业园	2005年	北京工业大学与中关村科技园区管委会共建	北京市级留学人员创业园（2012年）、中关村海外人才创业园	北京市海淀区车公庄西路35号

续表

名称	创建年份	创建单位	行业认定	地址
北师大留学人员创业园	2005 年	北京师范大学与中关村科技园区管委会共建	中关村海外人才创业园	北京市海淀区学院南路 12 号北师大科技园
中关村集成电路留学人员创业园	2006 年	中关村科技园区管委会与北京集成电路设计园有限责任公司共建	中关村海外人才创业园	北京市海淀区丰豪东路 9 号院
中关村数字娱乐留学人员创业园	2006 年	北京市石景山区人民政府与中关村科技园区管委会共建	中关村海外人才创业园	北京市石景山区八大处高科技园区实兴东街 11 号楼北楼 1 层
中央财大留学人员创业园	2006 年	中央财经大学与中关村科技园区管委会共建	中国留学人员创业园区孵化基地（第一批，2018 年）、中关村海外人才创业园	北京市海淀区学院南路 39 号
中关村法大科技服务园	2007 年	中国政法大学与中关村科技园区管委会共建	中关村海外人才创业园	北京市海淀区西土城路 25 号中国政法大学旧 1 号楼 109 室
中国矿业大学留学人员创业园	2007 年	中国矿业大学（北京）与中关村科技园区管委会共建	中关村海外人才创业园	北京市海淀区学院路丁 11 号宝源商务公寓 A2-106
北京交大留学人员创业园	2007 年	北京交通大学与中关村科技园区管委会共建	国家级科技企业孵化器（2014 年）、中关村海外人才创业园	北京市海淀区上园村 3 号交大知行大厦 11 层
首都师范大学留学人员创业园	2007 年	首都师范大学与中关村科技园区管委会共建	中关村海外人才创业园	北京市海淀区西三环北路 105 号首师大科技园（留学人员创业园）教一楼 207 室

续表

名称	创建年份	创建单位	行业认定	地址
华北电力大学留学人员创业园	2008年	华北电力大学与中关村科技园区管委会共建	国家级科技企业孵化器（2016年）、中关村海外人才创业园	北京市昌平区北农路2号华北电力大学主楼D1006
北京化工大学留学人员创业园	2009年	北京化工大学与中关村科技园区管委会共建	中关村海外人才创业园	北京市海淀区紫竹院路98号北京化工大学（西校区）科技园写字楼
北京瀚海智业留学人员创业园	2009年	瀚海智业控股集团有限公司	国家级科技企业孵化器（2008年）、中关村海外人才创业园	北京市东城区东直门内海运仓1号瀚海海运仓大厦1018室
中关村雍和航星留学人员创业园	2011年	中关村科技园区管委会、北京市东城区人民政府与北京航星机器制造有限公司共建	中关村海外人才创业园	北京市东城区安定门东滨河路乙1号
中关村博雅海外人才创业园	2011年	中关村科技园区管委会与北京市海淀区人民政府共建	国家级科技企业孵化器（2016年）、中关村海外人才创业园	北京市海淀区紫竹院路116号C座
中关村昌平园海外人才创业园	2011年	中关村科技园区昌平园管委会	中关村海外人才创业园	北京市昌平区超前路9号
中关村798创意产业留学人员创业园	2011年	中关村科技园区管委会与北京798艺术区管委会共建	中关村海外人才创业园	北京市朝阳区酒仙桥路2号A04楼
中关村京仪海归人才创业园	2012年	中关村科技园区管委会与北京京仪集团有限责任公司共建	国家级科技企业孵化器（2010年）、中国留学人员创业园区孵化基地（2019年）、中关村海外人才创业园	北京市海淀区大钟寺东路9号B座1层119

续表

名称	创建年份	创建单位	行业认定	地址
中关村香港京泰海外人才创业园	2015年	中关村科技园区管委会与京泰实业（集团）有限公司共建	中关村海外人才创业园	北京市朝阳区化工路59号焦奥中心2号楼11层
中关村北服海外人才创业园	2012年，2015年6月挂牌中关村海外人才创业园	北京市人民政府与北京服装学院共建	中关村海外人才创业园	北京市朝阳区樱花东街甲2号北京服装学院中关村时尚产业创新园304室
中关村普天海外人才创业园	2002年，2016年5月挂牌中关村海外人才创业园	中国普天信息产业集团有限公司	国家级科技企业孵化器（2007年）、中国留学人员创业园区孵化基地（第一批，2018年）、中关村海外人才创业园	北京市西城区新街口外大街28号院C座1层
中关村海聚博源海外人才创业园	2015年，2017年10月挂牌中关村海外人才创业园	北京市房山区人民政府	中关村海外人才创业园	北京市房山区阎富路69号院北京金融安全示范产业园
中关村智慧柠檬孵化器海外人才创业园	2017年	北京智汇邦信息技术有限公司	中关村海外人才创业园	北京市西城区西直门外大街18号金贸大厦C2座602
中关村亦庄生物医药海外人才创业园	2011年，2017年11月挂牌中关村海外人才创业园	北京经济技术投资开发总公司	中关村海外人才创业园	北京市大兴区经济技术开发区科创六街88号
中关村禾苋海外人才创业园	2015年，2017年12月挂牌中关村海外人才创业园	北京禾苋科技孵化器有限公司	国家级科技企业孵化器（2019年）、中关村海外人才创业园	北京市昌平区超前路11号西门众创空间
中关村腾讯众创空间（北京）海外人才创业园	2015年，2017年12月挂牌中关村海外人才创业园	北京市昌平区人民政府与腾讯开放平台、英诺创新空间共建	中关村海外人才创业园	北京市昌平区回龙观东大街338号

续表

名称	创建年份	创建单位	行业认定	地址
北京通州留学人员创业园	2018年	北京通州科技创新投资发展有限公司	中关村海外人才创业园	北京市通州区经海五路一号院58号楼
中关村北大医疗产业园海外人才创业园	2010年，2019年12月挂牌中关村海外人才创业园	北大医疗产业集团	国家级科技企业孵化器（2019年）、中关村海外人才创业园	北京市昌平区中关村生命科学园生命园路8号
中关村全球创新社区海外人才创业园	2014年，2019年12月挂牌中关村海外人才创业园	北京海淀置业集团有限公司	中关村海外人才创业园	北京市海淀区西大街48号
中关村京西创客工厂海外人才创业园	2016年，2019年12月挂牌中关村海外人才创业园	北京石龙经济开发区投资开发有限公司	中关村海外人才创业园	北京市门头沟区莲石湖西路98号院石龙阳光大厦
天津市留学生科技创业园	1998年	天津市留学服务中心与天津市科技创业服务中心共建	国家级科技企业孵化器（第一批，1997年）、天津市级留学人员创业园	天津市南开区科研西路12号
天津经济技术开发区留学生创业园	1996年	天津经济技术开发区管委会	国家科技企业孵化器（2002年）、人事部与天津市人民政府共建单位（2005年）、天津市级留学人员创业园	天津经济技术开发区第四大街80号天大科技园A1楼四层
天津滨海高新区海外留学生创业园	1998年	天津滨海高新技术产业开发区管委会	国家级科技企业孵化器、国家留学人员创业园示范建设试点单位（2001年）、人事部与天津市人民政府共建单位（2004年）、中国留学人员创业园区孵化基地（第一批，2018年）、天津市级留学人员创业园	天津滨海高新区华苑产业区华天道2号
天津国际生物医药联合研究院	2009年	科技部、商务部、卫生部、国家食品药品监督管理局与天津市人民政府共建	国家级科技企业孵化器（2012年）、天津市级留学人员创业园	天津经济技术开发区洞庭路220号

续表

名称	创建年份	创建单位	行业认定	地址
海外留学人员石家庄市创业园	2000年	石家庄高新技术产业开发区管委会	国家级科技企业孵化器（1998年）、中国留学人员创业园区孵化基地（第一批，2018年）、石家庄市海外高层次人才创业创新基地（2011年）	河北省石家庄市新石北路368号创新大厦11楼
唐山市归国留学人员创业园	1999年	唐山市人事局与唐山高新技术产业开发区管委会共建	国家级科技企业孵化器（2002年）、人事部与唐山市人民政府共建单位（2002年）	河北省唐山市高新区创新大厦A座3层
秦皇岛市留学人员创业园	2006年	秦皇岛市人事局与秦皇岛经济技术开发区管委会共建	国家级科技企业孵化器（2004年）	河北省秦皇岛经济技术开发区数谷大道2号数谷大厦
海外留学人员邯郸创业园	2008年	邯郸市人事局与邯郸经济技术开发区管委会共建	国家级科技企业孵化器（2006年）	河北省邯郸市开发区世纪大街2号
沧州市海外留学人员创业园	2000年	沧州市人事局与沧州经济开发区管委会共建	国家级科技企业孵化器（2007年）	河北省沧州经济开发区东海路20号靖烨科技园
海外留学人员廊坊燕郊创业园	2001年	燕郊经济技术开发区（现燕郊高新技术产业开发区）管委会	国家级科技企业孵化器（2008年）	河北省廊坊市三河市迎宾路1141号燕郊创业大厦
太原高新区留学人员创业园	2003年	太原高新技术产业开发区管委会	国家级科技企业孵化器（2012年）、人事部与山西省人民政府共建单位（2006年）	山西省太原市小店区龙盛街52号盛玖大厦B座3层
内蒙古自治区留学人员创业园	2002年	包头稀土高新技术产业开发区管委会	国家级科技企业孵化器（2012年）、国家海外高层次人才创新创业基地（2011年）、人力资源和社会保障部与内蒙古自治区人民政府共建单位（2010年）、中国留学人员创业园区孵化基地（第一批，2018年）	内蒙古自治区包头稀土高新区软件园大厦A座308室

续表

名称	创建年份	创建单位	行业认定	地址
呼和浩特留学人员创业园	2010年	人力资源和社会保障部与内蒙古自治区人民政府共建	国家级科技企业孵化器（2010年）、人力资源和社会保障部与内蒙古自治区人民政府共建单位（2010年）	内蒙古自治区呼和浩特市赛罕区科尔沁南路69号呼和浩特留学人员创业园创新创业大厦
内蒙古鄂尔多斯留学人员创业园	2013年	鄂尔多斯高新技术产业开发区管委会	国家级科技企业孵化器（2013年）	内蒙古自治区鄂尔多斯市东胜区G109启迪孵化器大厦
沈阳海外学子创业园	1999年	沈阳高新技术产业开发区管委会	国家级科技企业孵化器（2000年）、国家留学人员创业园示范建设试点单位（2001年）、人事部与沈阳市人民政府共建单位（2001年）	辽宁省沈阳市浑南新区沈本大街沈阳国际软件园D09栋615
大连海外学子创业园	1998年	大连高新技术产业园区管委会	国家级科技企业孵化器（1996年）、国家留学人员创业园示范建设试点单位（第一批，2000年）、人事部与大连市人民政府共建单位（2001年）	辽宁省大连高新区火炬路32号创业大厦A座6楼
鞍山海外学子创业园	2001年	鞍山高新技术产业开发区管委会	国家级科技企业孵化器（2001年）	辽宁省鞍山市千山中路288号
长春海外学人创业园	1999年	吉林省人事厅、科技厅、教育厅，长春市人民政府外事办公室、人事局、科技局等13家单位共建	国家级科技企业孵化器（第一批，1997年）、国家留学人员创业园示范建设试点单位（2001年）、人事部与长春市人民政府共建单位（2005年）、中国留学人员创业园区孵化基地（第一批，2018年）	吉林省长春市高新区锦湖大路1357H号
吉林高新技术产业开发区留学人员创业园	2002年	吉林高新技术产业开发区管委会	国家级科技企业孵化器（1999年）	吉林省吉林市深圳街86号创业园A419

续表

名称	创建年份	创建单位	行业认定	地址
哈尔滨海外学人创业园	2000 年	哈尔滨经济技术开发区管委会	国家级科技企业孵化器（第一批，1997 年）、国家留学人员创业园示范建设试点单位（2001 年）、人事部与哈尔滨市人民政府共建单位（2005 年）	黑龙江省哈尔滨开发区南岗集中区嵩山路 5 号
大庆留学人员创业园	2001 年	大庆高新技术产业开发区管委会	国家级科技企业孵化器	黑龙江省大庆高新区高新路创新大厦 10 号
上海市留学人员科技创业孵化基地	1998 年	上海市科学技术委员会	国家级科技企业孵化器、上海市级留学人员创业园	上海市徐汇区钦州路 100 号
上海张江留学人员创业园	1996 年	上海市人事局与上海张江高科技园区发展总公司共建	国家留学人员创业园示范建设试点单位（第一批，2000 年）、中国留学人员创业园区孵化基地（第一批，2018 年）、上海市级留学人员创业园	上海市浦东新区环科路 999 弄浦东国际人才港 4 号楼一楼
上海留学人员漕河泾创业园区	1996 年	上海市人事局与上海市漕河泾新兴技术开发区发展总公司共建	国家级科技企业孵化器、中国留学人员创业园区孵化基地（第一批，2018 年）、上海市级留学人员创业园	上海市徐汇区桂平路 410 号 B 座 3 楼
上海嘉定留学人员创业园	1996 年	上海市人事局与上海嘉定高科技园区发展总公司共建	国家级科技企业孵化器（2016 年）、国家留学人员创业园示范建设试点单位（第一批，2000 年）、上海市级留学人员创业园	上海市嘉定区叶城路 1288 号
上海虹桥临空留学人员创业园	1999 年	上海市人事局、上海市长宁区人民政府与上海虹桥临空经济园区发展有限公司共建	上海市级留学人员创业园	上海市长宁区金钟路 631 弄 2 号楼 8 楼
上海莘闵留学人员创业园	2000 年	上海市人事局与上海市闵行区人民政府共建	国家级科技企业孵化器（2007 年）、上海市级留学人员创业园	上海市闵行区金都路 3669 号 1 号楼 4 楼

续表

名称	创建年份	创建单位	行业认定	地址
上海宝山留学人员创业园	2003年	上海市人事局、上海市宝山区人民政府与上海宝山城市工业园区管委会共建	上海市级留学人员创业园	上海市宝山区丰翔路1409号
上海杨浦留学人员创业园	2003年	上海市人事局与上海市杨浦区人民政府共建	国家海外高层次人才创新创业基地（2009年）、上海市级留学人员创业园	上海市杨浦区大学路243号8楼
上海普陀留学人员创业园	2004年	上海市经济和信息化委员会与上海市普陀区人民政府共建	上海市级留学人员创业园	上海市真北路958号1号楼15楼
上海徐汇留学人员创业园	2004年	上海市人事局与上海市徐汇区人民政府共建	上海市级留学人员创业园	上海市徐汇区南宁路969号
上海医谷留学人员创业园	2009年	上海市人力资源和社会保障局与原上海市南汇区人民政府共建	上海市海外高层次人才创新创业基地（2012年）、上海市级留学人员创业园	上海市浦东新区周祝公路337号5号楼
南京江北新区留学人员创业园	1994年	南京市人事局和南京高新技术产业开发区管委会共建	国家级科技企业孵化器（2010年）、人事部与南京市人民政府共建单位（2005年）、中国留学人员创业园区孵化基地（2019年）、江苏省级留学回国人员创新创业示范基地（2016年）	江苏省南京市江北新区凤滁路48号服务贸易大厦A座201-1
南京白下高新技术产业开发区留学人员创业园	2001年，2016年挂牌南京市留学人员创业园	南京市白下国有资产经营有限公司	江苏省级留学回国人员创新创业示范基地（2019年）、江苏省级留学回国人员创新创业园（2017年）、南京市级留学人员创业园	江苏省南京市秦淮区石杨路56号白下高新园区创业园
南京徐庄软件园留学人员创业园	2002年，2016年挂牌南京市留学人员创业园	南京玄武高新技术产业集团有限公司	江苏省级留学回国人员创新创业示范基地（2020年）、江苏省级留学回国人员创新创业园（2018年）、南京市级留学人员创业园	江苏省南京市玄武区玄武大道699-1号3层

续表

名称	创建年份	创建单位	行业认定	地址
南京新城科技园留学人员创业园	2003年，2016年挂牌南京市留学人员创业园	南京市建邺区高新科技投资集团有限公司	江苏省级留学回国人员创新创业园（2017年）、南京市级留学人员创业园	江苏省南京市建邺区奥体大街68号1幢5层
江苏生命科技创新园留学人员创业园	2009年，2016年挂牌南京市留学人员创业园	中共南京市栖霞区委、南京市栖霞区人民政府与南京仙林大学城管委会共建	国家级科技企业孵化器（2014年）、江苏省级留学回国人员创新创业园（2018年）、南京市级留学人员创业园	江苏省南京市栖霞区仙林大学城纬地路9号D5室
南京经开区兴智科技园留学人员创业园	2012年，2016年挂牌南京市留学人员创业园	南京新港东区建设发展有限公司	国家级科技企业孵化器、南京市级留学人员创业园	江苏省南京市栖霞区兴智路6号
南京江宁开发区千人基地留学人员创业园	2012年，2016年挂牌南京市留学人员创业园	南京江宁经济技术开发总公司	国家级科技企业孵化器（2015年）、国家海外高层次人才创新创业基地（2012年）、江苏省级留学回国人员创新创业园（第一批，2016年）、南京市级留学人员创业园	江苏省南京市江宁经济技术开发区胜太路88号
南京生物医药谷科技园留学人员创业园	2015年，2016年挂牌南京市留学人员创业园	南京江北新区产业投资集团有限公司	国家级科技企业孵化器（2015年）、江苏省级留学回国人员创新创业园（2019年）、南京市级留学人员创业园	江苏省南京江北新区新锦湖路3-1号中丹生态生命科学产业园一期。
南京工大科技产业园留学人员创业园	2006年，2017年挂牌南京市留学人员创业园	南京工业大学与南京荣达建设开发有限公司共建	国家级科技企业孵化器（2019年）、南京市级留学人员创业园	江苏省南京市浦口区江浦街道万寿路15号
南京紫东留学人员创业园	2009年，2017年挂牌南京市留学人员创业园	南京栖霞国有资产经营有限公司与南京马群科技发展有限公司共建	国家级科技企业孵化器（2016年）、南京市级留学人员创业园	江苏省南京市栖霞区紫东路1号
南京江宁滨江留学人员创业园	2011年，2017年挂牌南京市留学人员创业园	南京滨江投资发展有限公司	国家级科技企业孵化器（2019年）、江苏省级留学回国人员创新创业园（2019年）、南京市级留学人员创业园	江苏省南京江宁滨江经济开发区盛安大道739号

续表

名称	创建年份	创建单位	行业认定	地址
南京高淳开发区留学人员创业园	2012年，2017年挂牌南京市留学人员创业园	江苏高淳经济开发区开发集团有限公司	国家级科技企业孵化器（2017年）、南京市级留学人员创业园	江苏省南京市高淳经济开发区古檀大道3号科创大楼201室
南京江宁东山留学人员创业园	2012年，2017年挂牌南京市留学人员创业园	南京市江宁区人民政府	南京市级留学人员创业园	江苏省南京市江宁区东山街道东麒路33号A座
南京中科创新广场留学人员创业园	2014年，2017年挂牌南京市留学人员创业园	南京浦口经济开发区管委会、中国科学院与苏州新康投资集团有限公司共建	国家级科技企业孵化器（2019年）、南京市级留学人员创业园	江苏省南京市浦口区浦滨路150号
南京江北新材料科技园留学人员创业园	2017年	南京江北新区新城科技创业有限公司	国家级科技企业孵化器（2013年）、南京市级留学人员创业园	江苏省南京市江北新区方水路168号
南京江宁高新园留学人员创业园	2017年	南京江宁科学园发展有限公司	国家级科技企业孵化器（2016年）、江苏省级留学回国人员创新创业园（2018年）、南京市级留学人员创业园	江苏省南京市江宁区天元东路1009号江宁高新园
南京沣创会留学人员创业园	2015年，2019年挂牌南京市留学人员创业园	南京市江宁区人民政府秣陵街道办事处与南京网新科技文化产业有限公司共建	南京市级留学人员创业园	江苏省南京市江宁区利源南路55号
南京六合海智汇留学人员创业园	2019年，2019年挂牌南京市留学人员创业园	南京六合科技创业投资发展有限公司	南京市级留学人员创业园	江苏省南京市六合区雄州街道王桥路59号裙楼214室
南京江北科投基因大厦留学人员创业园	2019年，2019年挂牌南京市留学人员创业园	南京江北新区科技投资集团有限公司	南京市级留学人员创业园	江苏省南京市江北新区浦滨路211号基因大厦A座6楼

续表

名称	创建年份	创建单位	行业认定	地址
江苏软件园留学人员创业园	2000年	南京江宁科技园发展有限公司与南京江宁经济技术开发总公司共建	国家级科技企业孵化器（2013年）、南京市级留学人员创业园	江苏省南京市江宁区东山街道万安西路59号博特新材料创业园
江苏博特留学人员创业园	2017年，2020年挂牌南京市留学人员创业园	江苏苏博特新材料股份有限公司	国家级科技企业孵化器（2017年）、南京市级留学人员创业园	江苏省南京市江宁区东山街道万安西路59号博特新材料创业园
无锡留学人员创业园	2000年	无锡高新技术产业开发区管委会	国家级科技企业孵化器（1999年）、人事部与江苏省人民政府共建单位（2006年）、江苏省级留学回国人员创新创业示范基地（第一批，2016年）	江苏省无锡新区太湖国际科技园大学科技园清源路530大厦A区2层
无锡北创科技园留学人员创业园	2000年	无锡产业发展集团有限公司、无锡创业投资集团有限公司等共建	国家级科技企业孵化器、江苏省级留学人员创业园	江苏省无锡市兴源北路401号
无锡惠山留学人员创业园	2006年	无锡惠山经济开发区管委会	国家级科技企业孵化器（2009年）、江苏省级留学人员创业园（2007年）	江苏省无锡市惠山区文惠路18-1号
无锡锡山留学人员创业园	2008年	江苏省锡山经济技术开发区总公司	国家级科技企业孵化器、江苏省级留学回国人员创新创业示范基地（2018年）、江苏省级留学人员创业园（2008年）	江苏省无锡市锡山经济开发区芙蓉中三路99号
无锡文化创意留学人员创业园	2010年	无锡北仓门生活艺术服务有限公司	江苏省级留学人员创业园（2010年）	江苏省无锡市梁溪区北仓门37号
无锡（惠山）生命科技产业园留学人员创业园	2009年	无锡惠开经济发展集团有限公司	国家级科技企业孵化器、江苏省级留学回国人员创新创业园（2020年）	江苏省无锡市惠山区惠山大道1699号

续表

名称	创建年份	创建单位	行业认定	地址
江阴留学人员创业园	2005 年	江阴高新技术产业开发区管委会	国家级科技企业孵化器（2008年）、江苏省级留学回国人员创新创业示范基地（2019年）、江苏省级留学回国人员创业园（2005年）	江苏省无锡市江阴市澄江中路159号江阴高新技术创业园
宜兴留学人员创业园	2007 年	宜兴市人民政府与中国宜兴环保科技工业园发展总公司、宜兴市新园房地产开发有限公司公共建	国家级科技企业孵化器（2015年）、江苏省级留学回国人员创新创业示范基地（2017年）、江苏省级留学人员创业园（2007年）	江苏省无锡市宜兴环科园绿园路48号
徐州经济技术开发区留学人员创业园	2007 年	徐州市人事局、科技局与徐州经济开发区管委会共建	国家级科技企业孵化器、江苏省级留学回国人员创新创业园（2018年）、江苏省级留学人员创业园	江苏省徐州经济技术开发区杨山路19号科技创业大厦
徐州软件园留学回国人员创新创业园	2012 年	徐州市泉山区人民政府	国家级科技企业孵化器（2012年）、江苏省级留学回国人员创新创业园（2017年）	江苏省徐州市泉山区软件园路6号11号楼1203室
东陇海留学人员创业园	2008 年	无锡—新沂工业园管委会	国家级科技企业孵化器、江苏省级留学人员创业园（2008年）	江苏省新沂市新沂无锡—新沂工业园黄山路8号
常州留学人员创业园	1999 年	常州高新技术产业开发区管委会	国家级科技企业孵化器（1999年）、江苏省级留学回国人员创新创业示范基地（第一批，2016年）、江苏省级留学人员创业园（2001年）	江苏省常州市新北区辽河路901号新科创大厦C座302室
常州钟楼留学人员创业园	1999 年	常州市人事局与常州市钟楼区人民政府共建	国家级科技企业孵化器（2009年）、江苏省级留学人员创业园（2008年）	江苏省常州市钟楼区玉龙路6号
常州武进留学人员创业园	2004 年	武进高新技术产业开发区管委会	国家级科技企业孵化器（2004年）、江苏省级留学人员创业园（2007年）、常州市级留学人员创业园	江苏省常州市武进人民东路158号

续表

名称	创建年份	创建单位	行业认定	地址
常州金坛留学人员创业园	2007 年	常州市人事局与江苏省金坛经济开发区管委会共建	国家级科技企业孵化器、江苏省级留学人员创业园（2011 年）、常州市级留学人员创业园	江苏省常州市金坛区开发区金胜东路 98 号
常州天宁留学人员创业园	2008 年，2009 年 12 月挂牌常州市留学人员创业园	常州市天宁区人民政府	国家级科技企业孵化器（2012 年）、江苏省级留学人员创业园（2014 年）、常州市级留学人员创业园	江苏省常州市河海东路 9 号
常州科教城留学人员创业园	2002 年，2010 年挂牌江苏省留学人员创业园	江苏省教育厅、科技厅与常州市人民政府共建	国家人力资源和社会保障部与江苏省人民政府共建单位（2013 年）、江苏省级留学人员创业园（2010 年）	江苏省常州市常武中路 18 号
常州三晶留学人员创业园	2006 年	常州市三井街道办事处	国家级科技企业孵化器（2010 年）、江苏省级留学回国人员创新创业（2020 年）、常州市级留学人员创业园	江苏省常州市新北区华山路 18 号
溧阳留学人员创业园	2007 年	常州市人民政府与江苏中关村科技产业园控股集团有限公司共建	国家级科技企业孵化器（2016 年）、江苏省级留学人员创业园（2013 年）、常州市级留学人员创业园	江苏省常州市溧阳市溧城镇芜申路 168 号
苏州留学人员创业园	1998 年	教育部留学服务中心、科技部火炬高技术产业开发中心、江苏省科学技术委员会、江苏省人才流动服务中心等共建	国家级科技及企业孵化器（第一批，1997 年）、国家留学人员创业园示范建设试点单位（第一批，2000 年）、中国留学人员创业园区孵化基地（第一批，2018 年）、江苏省级留学回国人员创新创业示范基地（第一批，2016 年）	江苏省苏州高新区竹园路 209 号
苏州吴中区留学人员创业园	2004 年	苏州市吴中区科技创业服务中心与苏州市科技创新创业投资有限公司等共建	国家级科技企业孵化器（2006 年）、中国留学人员创业园区孵化基地（第一批，2018 年）、江苏省级留学回国人员创新创业示范基地（2019 年）、江苏省级留学人员创业园（2009 年）	江苏省苏州市吴中区长蠡路 99 号

续表

名称	创建年份	创建单位	行业认定	地址
苏州相城经济技术开发区留学人员创业园	2006年	苏州相城经济技术开发区管委会与西安交通大学苏州研究院共建	国家科技企业孵化器、江苏省级留学回国人员创新创业园（2017年）	江苏省苏州市相城经济技术开发区观塘路1号
苏州吴江留学人员创业园	2007年	苏州市吴江区科学技术局与吴江经济技术开发区管委会共建	国家级科技企业孵化器（2011年）、江苏省级留学人员创业园（2008年）	江苏省苏州市吴江区长安路2358吴江科技创业园
苏州吴江汾湖科技人员暨留学人员创业园	2007年	江苏省汾湖高新技术产业开发区管委会	国家级科技企业孵化器（2012年）、江苏省级留学回国人员创新创业园（2019年）	江苏省苏州市吴江区汾湖大道558号
苏州工业园区国际科技园	2000年，2017年挂牌苏州市留学回国人员创新创业园	苏州工业园区管委会	国家级科技企业孵化器、国家海外高层次人才创新创业基地、江苏省级留学回国人员创新创业示范基地（2017年）、苏州市级留学回国人员创新创业园	江苏省苏州工业园区金鸡湖大道1355号科技新天地1楼
苏州生物医药产业园留学回国人员创新创业园	2007年，2017年挂牌苏州市留学回国人员创新创业园	苏州工业园区管委会	国家级科技企业孵化器（2010年）、江苏省级留学回国人员创新创业园（2019年）、苏州市级留学回国人员创新创业园	江苏省苏州市吴中区苏州工业园区星湖街218号
江苏医疗器械科技产业园留学回国人员创新创业园	2009年，2017年挂牌苏州市留学回国人员创新创业园	苏州科技城发展集团有限公司与苏州苏高新集团有限公司等共建	国家级科技企业孵化器、江苏省级留学回国人员创新创业园（2020年）、苏州市级留学回国人员创新创业园	江苏省苏州高新区科技城锦峰路8号2号楼5层
苏州阳澄湖国际科技创业园	2015年，2017年挂牌苏州市留学回国人员创新创业园	苏州相城经济技术开发区管委会	苏州市级留学回国人员创新创业园	江苏省苏州市相城经济技术开发区康元路777号
西交SKEMA国际创新创业园	2013年，2019年挂牌苏州市留学回国人员创新创业园	西安交通大学苏州研究院科教发展公司与法国SKEMA商学院共建	国家级科技企业孵化器（2013年）、苏州市级留学回国人员创新创业园	江苏省苏州市苏州工业园区仁爱路99号西交大科技园

续表

名称	创建年份	创建单位	行业认定	地址
苏州吴中武珞科技园留学回国人员创新创业园	2017年，2019年挂牌苏州市留学回国人员创新创业园	苏州武珞控股集团有限公司	苏州市级留学回国人员创新创业园	江苏省苏州市吴中区太湖东路9号澹台湖大厦（武珞科技园）5楼
常熟留学人员创业园	2000年	常熟经济技术开发区管委会	国家级科技企业孵化器（2012年）、中国留学人员创业园区孵化基地（2019年）、江苏省级留学回国人员创新创业示范基地（2020年）、江苏省级留学人员创业园	江苏省常熟经济技术开发区四海路11号
常熟高新技术产业开发区留学人员创业园	2010年	常熟高新技术产业开发区管委会	国家级科技企业孵化器（2014年）、江苏省级留学回国人员创新创业示范基地（2018年）、江苏省级留学人员创业园（2013年）	江苏省常熟市东南大道333号科创大厦3楼
张家港留学人员创业园	2001年	张家港市人民政府	国家级科技企业孵化器（2006年）、江苏省级留学回国人员创新创业示范基地（2017年）、江苏省级留学人员创业园（2003年）	江苏省张家港市国泰北路1号
张家港保税区留学人员创业园	2011年	江苏省张家港保税区管理委员会	国家级科技企业孵化器（2016年）、江苏省级留学回国人员创新创业示范基地（2019年）、江苏省级留学人员创业园（2011年）	江苏省张家港保税区（金港镇）华达路36号科创园A幢
张家港凤凰科创园留学回国人员创新创业园	2009年	张家港市凤凰镇人民政府	国家级科技企业孵化器（2014年）、苏州市级留学回国人员创新创业园	江苏省苏州市张家港市凤凰镇凤凰大道
昆山留学人员创业园	1998年	江苏省人事厅、科技厅和昆山经济技术开发区管委会共建	国家级科技企业孵化器（2002年）、国家留学人员创业园示范建设试点单位（第一批，2000年）、人力资源和社会保障部与江苏省人民政府共建单位（2011年）、江苏省级留学回国人员创新创业示范基地（第一批，2016年）	江苏省昆山市开发区前进东路科技广场2楼

续表

名称	创建年份	创建单位	行业认定	地址
昆山生物医药产业园留学回国人员创新创业园	2015年	昆山高新技术产业开发区管委会	苏州市级留学回国人员创新创业园	江苏省昆山市高新区元丰路168号小核酸研究所研发楼208室
太仓市科技创业园暨留学人员创业园	2004年	苏州市科学技术局与江苏省太仓经济开发区管委会共建	国家级科技企业孵化器、江苏省级留学回国人员创新创业示范基地（2018年）、江苏省级留学人员创业园	江苏省太仓市经济开发区北京西路6号
南通留学人员创业园	2004年	南通市人事局与南通经济技术开发区管委会共建	国家级科技企业孵化器（2006年）、人力资源和社会保障部与江苏省人民政府共建单位（2016年）、江苏省级留学回国人员创新创业示范基地（第一批，2016年）、江苏省级留学人员创业园	江苏省南通市崇川区工农路488号
南通如皋留学人员创业园	2000年，2005年挂牌如皋留学人员创业园	如皋市人民政府	国家级科技企业孵化器（2010年）、江苏省级留学回国人员创新创业示范基地（2017年）、江苏省级留学人员创业园（2013年）	江苏省南通市如皋市花市北路20号
南通通州留学人员创业园	2005年	南通市人事局与南通经济技术开发区管委会共建	江苏省级留学回国人员创新创业示范基地（2017年）、江苏省级留学人员创业园（2009年）	江苏省南通高新区世纪大道998号江海圆梦谷
南通崇川留学人员创业园	2009年	南通市崇川科技园投资发展有限公司	国家级科技企业孵化器、江苏省级留学人员创业园	江苏省南通市崇川区紫琅路30号
南通海门留学人员创业园	2011年	海门市临江新区管委会	国家级科技企业孵化器（2017年）、江苏省级留学回国人员创新创业示范基地（2018年）、江苏省级留学回国人员创新创业园（第一批，2016年）	江苏省南通市海门区临江新区临海大道海门科技园
南通海安留学人员创业园	2012年	江苏省海安高新技术产业开发区管委会	国家级科技企业孵化器（2013年）、江苏省级留学回国人员创新创业示范基地（2020年）、江苏省级留学人员创业园	江苏省南通市海安市镇南路428号

续表

名称	创建年份	创建单位	行业认定	地址
南通晶城科创园留学回国人员创新创业园	2007年	南通先知投资有限公司	国家级科技企业孵化器（2017年）、江苏省级留学回国人员创新创业园（2019年）	江苏省南通市崇川区永和路933号
如东经济开发区留学人员创业园	2009年	南通市如东县人民政府	国家级科技企业孵化器（2016年）	江苏省南通市如东经济开发区新区黄河路北侧新宇科技创业园
连云港留学人员创业园	2003年	连云港市人事局与连云港高新技术产业开发区管委会共建	国家级科技企业孵化器、江苏省级留学人员创业园	江苏省连云港市海州区花果山大道17号科创城3号楼
连云港科教创业园区留学人员创业园	2009年	连云港市人民政府	国家级科技企业孵化器（2019年）、江苏省级留学人员创业园（2011年）	江苏省连云港市港城大道与花果山大道交叉口西北100米
连云港金桥美多利留学人员创业园	2011年，2013年12月挂牌连云港市留学人员创业园	连云港市工业投资集团有限公司	连云港市级留学人员创业园	江苏省连云港市连云区新东方大道99号
江苏海洋大学留学回国人员创新创业园	2012年，2020年挂牌江苏省留学回国人员创新创业园	江苏海洋大学与连云港市人民政府共建	国家级科技企业孵化器、江苏省级留学回国人员创新创业园（2020年）	江苏省连云港市海州区苍梧路59号
淮安留学人员创业园	2001年	淮安经济技术开发区管委会	国家级科技企业孵化器（2009年）、国家级科技企业孵化器、人力资源和社会保障部与江苏省人民政府共建单位（2008年）、江苏省级留学国人员创新创业示范基地（2020年）、江苏省级留学人员创业园（2006年）	江苏省淮安市经济技术开发区海口路9号
盐城留学人员创业园	2004年	盐城市人民政府	国家级科技企业孵化器、江苏省级留学人员创业园（2009年）	江苏省盐城市盐都区盐龙街道华锐中路9号

续表

名称	创建年份	创建单位	行业认定	地址
盐城大丰留学人员创业园	2010年	盐城市大丰区人民政府	国家级科技企业孵化器（2012年）、江苏省级留学回国人员创新创业示范基地（2019年）、江苏省级留学人员创业园（2010年）	江苏省盐城市大丰区西康南路61号
盐城市盐南高新区留学人员创业园	2014年	国家工信部、江苏省经信委与盐城市人民政府共建	江苏省级留学回国人员创新创业园（第一批，2016年）	江苏省盐城市盐都区景观大道
盐城环保科技城留学回国人员创新创业园	2009年，2020年挂牌江苏省留学回国人员创新创业园	江苏省环境保护厅与盐城市人民政府共建	江苏省级留学人员创新创业园（2020年）	江苏省盐城市亭湖区青年东路（环保大道）888号绿巢
建湖县留学回国人员创新创业园	2013年，2018年挂牌江苏省留学回国人员创新创业园	建湖县人民政府	江苏省级留学人员创新创业园（2018年）	江苏省建湖县高新区智慧产业园A区1号楼
扬州留学人员创业园	2004年	扬州经济技术开发区管委会	国家级科技企业孵化器（2000年）、江苏省级留学回国人员创新创业示范基地（2017年）、江苏省级留学人员创业园（2004年）	江苏省扬州市邗江中路119号
江苏信息服务产业基地（扬州）留学人员创业园	2008年	江苏省信息产业厅与扬州市人民政府共建	江苏省级留学回国人员创新创业示范基地（2018年）、江苏省级留学人员创业园（2011年）	江苏省扬州市广陵新城信息大道1号信息服务大厦2层
扬州市邗江区留学人员创业园	2005年	扬州高新技术产业开发区管委会	国家级科技企业孵化器（2011年）	江苏省扬州市高新区开发西路217号
扬州市江都区留学人员创业园	2008年	江苏省江都经济开发区管委会	江苏省级留学人员创业园（2012年）	江苏省扬州市江都区大桥镇工业集中区
江苏省宝应经济开发区留学回国创新创业园	2017年	江苏省宝应经济开发区管委会	江苏省级留学回国人员创新创业示范基地（2020年）、江苏省级留学回国人员创新创业园（2017年）	江苏省宝应县宝应大道77号

续表

名称	创建年份	创建单位	行业认定	地址
仪征留学人员创业园	2007年	仪征市人民政府	国家级科技企业孵化器（2015年）、江苏省级留学人员创业园（2009年）	江苏省仪征市经济开发区闽泰大道9号
镇江留学人员创业园	2000年	镇江市人事局与镇江经济技术开发区（镇江新区）管委会共建	国家级科技企业孵化器（2005年）、人事部与镇江市人民政府共建单位（2002年）、江苏省级留学回国人员创新创业示范基地（2018年）	江苏省镇江市京口区经十二路668号
镇江京口归国博士创业园	2009年	镇江市京口区人民政府	国家级科技企业孵化器	国家级科技企业孵化器
丹阳留学人员创业园	2009年	江苏省丹阳经济技术开发区管委会	国家级科技企业孵化器（2015年）、镇江市级留学人员创业园	江苏省丹阳市经济技术开发区齐梁路19号
扬中留学人员创业园	2007年	扬州市人民政府与江苏扬中经济开发区管理委员会共建	国家级科技企业孵化器（2013年）、江苏省级留学人员创业园（2011年）、镇江市级留学人员创业园	江苏省扬中市开发区港隆路127号
泰州留学人员创业园	2003年	泰州市经济开发区管委会	江苏省级留学回国人员创新创业示范基地（2019年）、江苏省级留学回国人员创新创业园（第一批，2016年）	江苏省泰州市医药高新区数据园路1号
泰州市海陵区留学人员创业园	2010年	泰州市海陵区人民政府	国家级科技企业孵化器（2012年）、江苏省级留学人员创业园（2015年）	江苏省泰州海陵工业园区迎春东98号
泰兴留学人员创业园	2007年	泰兴市人民政府	国家级科技企业孵化器（2011年）、江苏省级留学回国人员创新创业示范基地（2020年）、江苏省级留学人员创业园（2010年）	江苏省泰州市泰兴市济川北路88号
宿迁高新区留学回国人员创新创业园	2001年，2016年挂牌江苏省级留学回国人员创新创业园	宿迁高新技术产业开发区管委会	江苏省级留学回国人员创新创业园（第一批，2016年）	江苏省宿迁市宿豫区黄山路50号

续表

名称	创建年份	创建单位	行业认定	地址
杭州高新区留学人员创业园	1998年	杭州市人民政府与杭州高新技术产业开发区管委会共建	国家级科技企业孵化器（2002年）、国家留学人员创业园示范建设试点单位（2001年）、国家海外高层次人才创新创业基地（2009年）、人事部与杭州市人民政府共建单位（2007年）、浙江省级留学人员创业园（1999年）	浙江省杭州市滨江区江南大道100号行政中心5楼
杭州经济技术开发区留学人员创业园	2005年	杭州经济技术开发区管委会	国家级科技企业孵化器（2011年）、浙江省级留学人员创业园（2009年）、杭州市级留学人员创业园	浙江省杭州经济技术开发区学林路1288号
杭州市留学人员上城区创业园	2006年	杭州市人事局与杭州市上城区人民政府共建	国家级科技企业孵化器（2007年）、杭州市级留学人员创业园	浙江省杭州市上城区紫金观巷26号
杭州市留学人员萧山区创业园	2007年	杭州市人力资源和社会保障局与杭州市江干区人民政府共建	杭州市级留学人员创业园	浙江省杭州市萧山区建设一路66号华瑞中心A座901室
杭州市留学人员余杭区创业园	2008年	杭州市人力资源和社会保障局与杭州市余杭区人民政府共建	国家级科技企业孵化器（2012年）、杭州市级留学人员创业园	浙江省杭州市余杭区余杭经济开发区振兴东路9号
杭州市留学人员西湖区创业园	2008年	杭州市人力资源和社会保障局与杭州市西湖区人民政府共建	杭州市级留学人员创业园	浙江省杭州市西湖区浙大路3号
杭州市留学人员拱墅区创业园	2009年	杭州市人力资源和社会保障局与杭州市拱墅区人民政府共建	国家级科技企业孵化器（2007年）、杭州市级留学人员创业园	浙江省杭州市沈半路268号拱墅区人力资源和社会保障局
杭州市留学人员下城区创业园	2009年	杭州市人力资源和社会保障局与杭州市下城区人民政府共建	国家级科技企业孵化器（2010年）、杭州市级留学人员创业园	浙江省杭州市下城区东新街道费家塘路588号

续表

名称	创建年份	创建单位	行业认定	地址
杭州市留学人员江干区创业园	2009年	杭州市人力资源和社会保障局与杭州市江干区人民政府共建	杭州市级留学人员创业园	浙江省杭州市江干区庆春东路1-1号西子联合大厦10楼
杭州市留学人员富阳创业园	2009年	杭州市人力资源和社会保障局与富阳市人民政府共建	浙江省级留学人员创业园（2013年）、杭州市级留学人员创业园	浙江省杭州市富阳区银湖街道富闲路9号银湖创新中心15号楼
杭州市留学人员临安创业园	2010年	浙江青山湖科研创新基地投资有限公司	国家级科技企业孵化器（2019年）、杭州市级留学人员创业园	浙江省杭州市临安区环北路399号
宁波保税区留学人员创业园	1999年	浙江省人事厅、宁波市人事局与宁波保税区管委会共建	国家级科技企业孵化器（2006年）、国家留学人员创业园示范建设试点单位（第一批，2000年）、浙江省级留学人员创业园（1999年）	浙江省宁波市保税区大厦6楼
宁波经济技术开发区留学人员创业园	2000年	宁波经济技术开发区管委会	国家级科技企业孵化器（2008年）、中国留学人员创业园区孵化基地（2019年）、浙江省海外高层次人才创业创新基地（2013年）、浙江省级留学人员创业园（2008年）	浙江省宁波市北仑区明州西路479号
宁波高新区留学人员创业园	2001年	宁波高新技术产业开发区管委会	国家级科技企业孵化器（2002年）、人力资源和社会保障部与宁波市人民政府共建单位（2007年）、浙江省级留学人员创业园（2003年）	浙江省宁波国家高新区院士路66号
宁波鄞州区留学人员创业园	2008年	宁波市鄞州区人民政府	国家级科技企业孵化器（2009年）、中国留学人员创业园区孵化基地（第一批，2018年）、浙江省级留学人员创业园（2012年）	浙江省宁波市鄞州区学士路298号

续表

名称	创建年份	创建单位	行业认定	地址
宁波江北留学人员创业园	2009年	宁波市江北区人民政府与宁波蓝野医疗器械有限公司等共建	宁波市级留学人员创业园	浙江省宁波市江北区洪塘街道长阳路35号
宁波海曙留学人员创业园	2011年	宁波市海曙区人民政府与宁波工程学院共建	宁波市级留学人员创业园	浙江省宁波市县前街61号海曙区行政中心1号楼913
宁波镇海留学人员创业园	2007年	宁波市镇海区人民政府	浙江省级留学人员创业园（2013年）	浙江省宁波市镇海区中官路1188号
宁波象山留学人员创业园	2010年	象山县人民政府	宁波市级留学人员创业园	浙江省宁波市象山工业示范园区园中路98号
余姚留学人员创业园	2009年	余姚市人民政府	人力资源和社会保障部与宁波市人民政府共建单位（2016年）、浙江省级留学人员创业园	浙江省余姚市冶山路475号
慈溪留学人员创业园	2008年	慈溪市人民政府与宁波杭州湾新区管委会共建	宁波市级留学人员创业园	浙江省慈溪市环杭州湾创业中心商务二路38号
温州留学人员创业园	2002年	国家人事部与温州市人民政府共建	国家级科技企业孵化器（2004年）、人事部与温州市人民政府共建单位（2002年）	浙江省温州市龙湾区中兴大道高新技术产业园
嘉兴留学人员创业园	2000年	嘉兴经济技术开发区管委会	国家级科技企业孵化器（2005年）、浙江省级留学人员创业园（2006年）	浙江省嘉兴市秀城区城南路1369号
嘉兴科技城留学人员创业园	2003年	浙江省专家与留学人员服务中心、嘉兴市人事局与嘉兴市南湖区人民政府共建	国家级科技企业孵化器（2009年）、浙江省海外高层次人才创业创新基地、浙江省级留学人员创业园（2009年）	浙江省嘉兴市南湖区凌公塘路3339号

续表

名称	创建年份	创建单位	行业认定	地址
嘉善留学人员创业园	2005年	嘉善县人民政府	国家级科技企业孵化器（2008年）、浙江省级留学人员创业园（2006年）	浙江省嘉兴市嘉善县晋阳东路568号综合孵化中心楼423号
湖州留学人员创业园	2003年	浙江省专家与留学人员服务中心、湖州市人事局、湖州南太湖高新技术产业园区管委会共建	国家级科技企业孵化器（2006年）、浙江省级留学人员创业园（2003年）	浙江省湖州市吴兴区仁皇山街道青铜路699号
湖州吴兴留学人员创业园	2008年	湖州市吴兴区人民政府	国家级科技企业孵化器（2009年）、浙江省级留学人员创业园（2010年）	浙江省湖州市吴兴区戴山路1888号吴兴科技创业园D幢705室
湖州南浔留学人员创业园	2011年	湖州市南浔区人民政府	国家级科技企业孵化器（2017年）、浙江省级留学人员创业园（2014年）	浙江省湖州市南浔区南浔镇朝阳路666号南浔科技创业园313室
绍兴留学人员创业园	2004年	浙江省专家与留学人员服务中心、绍兴市人事局与绍兴袍江工业区管委会共建	国家级科技企业孵化器（2014年）、浙江省级留学人员创业园（2004年）	浙江省绍兴市袍江工业区教育路66-9号
金华留学人员创业园	2003年	金华市人事局与金华高新技术产业园区管委会共建	国家级科技企业孵化器（2005年）、浙江省级留学人员创业园（2005年）	浙江省金华市婺城区双溪西路620号
合肥留学人员创业园	2000年	安徽省科技厅、人事厅、教育厅、合肥市人民政府与合肥高新技术产业开发区管委会共建	国家级科技企业孵化器（1998年）、国家留学人员创业园示范建设试点单位（2001年）、人力资源和社会保障部与安徽省人民政府共建单位（2008年）、中国留学人员创业园区孵化基地（2019年）	安徽省合肥高新区望江西路800号创新产业园D栋7楼

续表

名称	创建年份	创建单位	行业认定	地址
留学人员芜湖创业园	2003 年	芜湖市科技局、人事局与芜湖经济技术开发区管委会共建	国家级科技企业孵化器、人力资源和社会保障部与安徽省人民政府共建单位（2012 年）、安徽省级留学人员创业园	安徽省芜湖市经济技术开发区银湖北路 38 号
留学人员马鞍山创业园	2007 年	马鞍山市科技局、人事局与马鞍山经济技术开发区管委会共建	国家级科技企业孵化器（2006 年）、安徽省级留学人员创业园	安徽省马鞍山经济技术开发区红旗南路 88 号
留学人员淮北创业园	2014 年	淮北市人力资源和社会保障局与淮北高新技术产业开发区管委会共建	安徽省级留学人员创业园（2014 年）	安徽省淮北市杜集区高新区云龙路 15 号
福建留学人员创业园	1998 年	福建省公务员局、福建省人力资源开发办公室	国家留学人员创业园示范建设试点单位（第一批，2000 年）、人事部和福建省人民政府共建单位（2004 年）	福建省福州市马尾区江滨东大道 108 号
福州留学人员创业园	2013 年	福州市人民政府	国家人力资源和社会保障部与福建省人民政府共建单位（2016 年）	福建省福州市闽侯县福州高新区海西高新技术产业园 10 号楼
厦门留学人员创业园	2000 年	厦门火炬高技术产业开发区管委会	国家级科技企业孵化器（2001 年）、国家留学人员创业园示范建设试点单位（2001 年）、人事部与厦门市人民政府共建单位（2006 年）、中国留学人员创业园区孵化基地（第一批，2018 年）	福建省厦门市湖里区火炬东路 11 号诚业楼 101 室
晋江留学人员创业园	2014 年，2019 年 11 月挂牌福建省晋江留学人员创业园	中共晋江市委、晋江市人民政府	福建省级留学人员创业园（2019 年）	福建省晋江市世纪大道创新创业创造园
南昌高新区留学人员创业园	2000 年	南昌市人事局与南昌高新技术产业开发区管委会共建	国家级科技企业孵化器（2004 年）、人事部与江西省人民政府共建单位（2003 年）、江西省级留学人员创业园	江西省南昌市青山湖区高新二路 18 号高新创业大厦

续表

名称	创建年份	创建单位	行业认定	地址
南昌小蓝留学人员创业园	2015 年	江西省人力资源和社会保障厅、南昌市人力资源和社会保障局与南昌小蓝经济技术开发区管委会共建	国家级科技企业孵化器（2019年）、江西省级留学人员创业园（2015年）	江西省南昌市小蓝经济技术开发区汇仁大道 266 号
南昌红谷滩留学人员创业园	2015 年	江西省人力资源和社会保障厅、南昌市人力资源和社会保障局与红谷滩新区人力资源和社会保障局共建	江西省级留学人员创业园（2015年）	江西省南昌市红谷滩学府大道 899 号慧谷科技产业园 1 栋 B 座 1 楼一站式服务中心
南昌经开区留学人员创业园	2017 年	江西省人力资源和社会保障厅、南昌市人力资源和社会保障局与南昌经济技术开发区管委会共建	江西省级留学人员创业园（2017年）	江西省南昌经开区双港西大街 528 号
九江恒盛科技园留学人员创业园	2008 年，2017 年挂牌九江市留学人员创业园	九江市新华厦实业有限公司、九江市新长江置业有限公司	国家级科技企业孵化器（2012年）、九江市级留学人员创业园	江西省九江市开发区长城路 121 号
九江濂溪区生态工业城留学人员创业园	2002 年，2017 年挂牌九江市留学人员创业园	九江市濂溪区人民政府	九江市级留学人员创业园	江西省九江市濂溪区十里大道
九江津晶城科技园留学人员创业园	2012 年，2017 年挂牌九江市留学人员创业园	江西津晶城实业有限公司	国家级科技企业孵化器（2015年）、九江市级留学人员创业园（2017年）	江西省九江市滨江东路浔阳区 3 号工业园津晶城科技园
九江经开区双创示范基地留学人员创业园	2017 年，2020 年挂牌九江市留学人员创业园	九江经济技术开发区管委会	国家级科技企业孵化器（2015年）、九江市级留学人员创业园（2017年）	江西省九江市经济开发区城西港区新兴产业双创示范基地
九江国际人才创业社区留学人员创业园	2018 年，2020 年挂牌九江市留学人员创业园	共青城市人民政府	国家级科技企业孵化器（2015年）、九江市级留学人员创业园（2017年）	江西省九江市共青城市光明路高新园区党群服务中心

续表

名称	创建年份	创建单位	行业认定	地址
济南留学人员创业园	1999年	济南市人民政府与济南高新技术产业开发区管委会共建	国家级科技企业孵化器（1998年）、国家留学人员创业园示范建设试点单位（第一批，2000年）、人事部与济南市人民政府共建单位（2002年）、中国留学人员创业园区孵化基地（第一批，2018年）、山东省级留学人员创新创业示范园（2018年）	山东省济南市高新区出口加工区港源二路
济南留学人员国际企业孵化园	2014年	济南市人力资源和社会保障局	山东省级留学人员创新创业示范园（第一批，2017年）	山东省济南市高新区综合保税区港兴三路北路北段1号济南药谷研发平台区1号楼B座1706号
青岛留学人员创业园	2002年	青岛市人力资源和社会保障局与青岛高新技术产业开发区管委会共建	国家级科技企业孵化器（2003年）、人力资源和社会保障部与青岛市人民政府共建单位（2012年）、山东省级留学人员创新创业示范园（第一批，2017年）	山东省青岛市城阳区智力岛路1号创业大厦B座2202室
青岛国际博士后创新创业园	2019年	山东省人力资源和社会保障社厅、青岛市人力资源和社会保障局与青岛市阳城区人民政府共建	山东省级留学人员创业园（2019年）	山东省青岛市城阳区荟城路506号蔚蓝创新天地6号楼508室
淄博留学人员创业园	1999年	淄博高新技术产业开发区管委会	国家级科技企业孵化器（2002年）、淄博市级留学人员创业园（2014年）	山东省淄博高新区政通路135号高科技创业园
东营留学人员创业园	2013年	山东省人力资源和社会保障厅与东营市人民政府共建	国家级科技企业孵化器（2011年）、山东省人力资源和社会保障厅与东营市人民政府共建单位	山东省东营市东营区经济技术开发区南一路228号

续表

名称	创建年份	创建单位	行业认定	地址
烟台留学人员创业园区	1996年	烟台市人事局与烟台经济技术开发区管委会共建	国家级科技企业孵化器（2003年）、国家留学人员创业园示范建设试点单位（2001年）、人事部与烟台市人民政府共建单位（2001年）、中国留学人员创业园区孵化基地（第一批，2018年）、山东省级留学人员创新创业示范园（第一批，2017年）	山东省烟台开发区珠江路28号科技大厦10楼
烟台市海外学人创业园	2012年	烟台市人力资源和社会保障局与烟台高新技术产业开发区管委会共建	国家级科技企业孵化器（2016年）	山东省烟台市莱山区高新区航天路101号
潍坊留学人员创业园	1999年	潍坊市人事局与潍坊高新技术产业开发区管委会共建	国家级科技企业孵化器（2003年）、山东省级留学人员创新创业示范园（第一批，2017年）、山东省人力资源和社会保障厅与潍坊市人民政府共建单位（2010年）	山东省潍坊高新区玉清东街高新大厦
济宁留学人员创业园	2001年	济宁市人事局与济宁高新技术产业开发区管委会共建	国家级科技企业孵化器、山东省留学人员创新创业示范园（第一批，2017年）	山东省济宁市金宇路52号
泰山留学人员创业园	2000年	泰安市人民政府与泰安高新技术产业开发区管委会共建	国家级科技企业孵化器（2001年）、山东省人力资源和社会保障厅与泰安市人民政府共建单位	山东省泰安市泰山区天烛峰路366号
威海海外学人高科技创新园	1999年	威海市人民政府、威海火炬高技术产业开发区管委会与中国留日同学总会共同创建	国家级科技企业孵化器、人力资源和社会保障部与山东省人民政府共建单位（2015年）、中国留学人员创业园区孵化基地（第一批，2018年）、山东省级留学人员创新创业示范园（2018年）、山东省人力资源和社会保障厅与威海市人民政府共建单位（2009年）	山东省威海火炬高技术产业开发区沈阳路108号

续表

名称	创建年份	创建单位	行业认定	地址
临沂留学人员创业园	2002年	临沂市人民政府与临沂高新技术产业开发区管委会共建	国家级科技企业孵化器（2005年）、山东省级留学人员创新创业示范园（2018年）、山东省人力资源和社会保障厅与临沂市人民政府共建单位（2009年）	山东省临沂高新区新华路西段创业大厦
德州留学人员创业园	2007年	德州市人民政府与德州经济技术开发区管委会共建	国家级科技企业孵化器（2010年）、山东省人力资源和社会保障厅与德州市人民政府共建单位（2010年）	山东省德州市经济开发区晶华大道587号
聊城留学人员创业园	2018年	聊城市人民政府与聊城经济技术开发区管委会共建	国家级科技企业孵化器（2009年）	山东省聊城市东昌府区黄河路16号
河南留学人员创业园	1998年	河南省人事厅、郑州市人事局与郑州经济技术开发区管委会共建	国家级科技企业孵化器（2010年）、人事部与河南省人民政府共建单位（2002年）、中国留学人员创业园区孵化基地（第一批，2018年）、河南省级留学人员创业园	河南省郑州市经济开发区航海东路与第八大街交叉口东南角管委会办公大楼西配楼2楼C226
郑州留学人员创业园	2001年	郑州高新技术产业开发区管委会	国家级科技企业孵化器（1999年）、河南省级留学人员创业园	河南省郑州市高新区瑞达路96号创业中心
洛阳留学人员创业园	2007年	洛阳高技术创业服务中心与捷威精密制造（洛阳）有限公司共建	河南省级留学人员创业园	河南省洛阳市高新区滨河路22号
平顶山留学人员创业园	2012年	平顶山市人力资源和社会保障局与平顶山高新技术产业开发区管委会共建	国家级科技企业孵化器（2011年）、河南省级留学人员创业园	河南省平顶山市卫东区开发路6号
许昌留学人员创业园	2011年	许昌市人力资源和社会保障局与中原电气谷管委会共建	国家级科技企业孵化器（2017年）、河南省级留学人员创业园	河南省许昌市魏武大道北段许昌留学人员创业园服务大楼

续表

名称	创建年份	创建单位	行业认定	地址
漯河留学人员创业园	2011年	漯河市人力资源和社会保障局与漯河经济技术开发区共建	河南省级留学人员创业园	河南省漯河经济技术开发区衡山路21号
三门峡留学人员创业园	2018年	河南省人力资源和社会保障厅与三门峡市人民政府共建	国家级科技企业孵化器（2014年）、河南省级留学人员创业园	河南省三门峡市陕州区产业集聚区管理委员会办公楼西1楼向东60米
信阳留学人员创业园	2018年	河南省人力资源和社会保障厅与信阳市人民政府共建	国家级科技企业孵化器、河南省级留学人员创业园	河南省信阳市平桥区G312（工十五路）信阳高新区管委会
武汉留学生创业园	1998年	武汉市人民政府与武汉东湖新技术开发区管委会共建	国家级科技企业孵化器（2006年）、国家留学人员创业园示范建设试点单位（2001年）、人事部与武汉市人民政府共建单位（2004年）、中国留学人员创业园区孵化基地（2019年）	湖北省武汉市东湖高新区光谷创业街73号
湖北省留学人员襄阳创业园	2010年	襄阳市人事局、市人才办与襄阳高新技术产业开发区管委会共建	国家级科技企业孵化器（2001年）、湖北省级留学人员创业园	湖北省襄阳市高新区追日路2号
湖北省留学人员荆州创业园	2007年	荆州高新技术产业开发区管委会	国家级科技企业孵化器（2003年）、湖北省级留学人员创业园	湖北省荆州市沙市区江津东路155号创业中心
宜昌三峡海外学人创业园	2004年	宜昌高新技术产业开发区管委会	国家级科技企业孵化器（2004年）	湖北省宜昌市高新区发展大道57-5号
长沙留学人员创业园	2002年	长沙高新技术产业开发区管委会	国家级科技企业孵化器（2003年）、人事部与湖南省人民政府共建单位（2007年）、中国留学人员创业园区孵化基地（第一批，2018年）	湖南省长沙市岳麓西大道1698号A1栋

续表

名称	创建年份	创建单位	行业认定	地址
长沙经济技术开发区留学人员创业园	2010年	长沙经济技术开发区管委会	湖南省级留学人员创业园	湖南省长沙市星沙三一路2号长沙经济技术开发区创业服务中心
长沙国家生物产业基地留学人员创业园	2007年	浏阳经济技术开发区管委会	国家级科技企业孵化器（2010年）、湖南省级留学人员创业园	湖南省长沙市浏阳经济技术开发区康平路105号
宁乡经开区留学生高新技术创业园	2017年	宁乡经济技术开发区管委会	湖南省级留学人员创业园	湖南省长沙市宁乡县玉潭镇金洲大道创业大楼1109
湖南（省直）留学人员创业园	2004年	湖南省科学技术研究开发院	湖南省级留学人员创业园	湖南省长沙市岳麓区麓云路与枫林三路交叉路口往西南约150米
株洲留学人员创业园	1999年	株洲高新技术产业开发区管委会	国家级科技企业孵化器（1999年）、湖南省级留学人员创业园	湖南省株洲市天元区泰山路43号
湘潭留学人员创业园	2003年	湘潭高新技术产业开发区管委会	国家级科技企业孵化器（2001年）、湖南省级留学人员创业园	湖南省湘潭市晓塘中路火炬创新创业园创新大厦2楼
岳阳留学人员创业园	2001年	岳阳经济技术开发区管委会	国家级科技企业孵化器（2009年）、湖南省级留学人员创业园	湖南省岳阳市巴陵中路创业大厦
益阳留学人员创业园	2007年	益阳高新技术产业开发区管委会	湖南省级留学人员创业园	湖南省益阳市高新区云雾山路
留学人员广州创业园	1999年	国家教育部、科技部与广州开发区管委会共建	国家级科技企业孵化器（2004年）、国家留学人员创业园示范建设试点单位（2001年）、人力资源和社会保障部与广州市人民政府共建单位（2012年）、中国留学人员创业园区孵化基地（2019年）	广东省广州开发区揽月路80号科技创新基地综合楼7楼

续表

名称	创建年份	创建单位	行业认定	地址
广州市荔湾留学生科技创业园	2002年	广州市荔湾区人民政府（荔湾区科学技术局）	无	广东省广州市荔湾区逢源路330号3楼
广州市留学人员创业（海珠）基地	2001年	广州市珠海区人民政府	国家级科技企业孵化器（2005年）	广东省广州市海珠区敦和路189号
中山大学留学人员创业园	2018年	中山大学	国家级科技企业孵化器、中国留学人员创业园区孵化基地（第一批，2018年）	广东省广州市海珠区新港西路135号中大科技园A座1501室
深圳市留学生创业园	2000年	深圳市人民政府与海外留学生组织共建	国家级科技企业孵化器（2008年）、人事部与深圳市人民政府共建单位（2004年）、中国留学人员创业园区孵化基地（第一批，2018年）、深圳市级留学人员创业园	广东省深圳市南山区科苑南路3170号留学生创业大厦一期。21楼2101室
深圳市留学人员（南山）创业园	1999年	深圳市南山区人民政府	国家级科技企业孵化器、深圳市级留学人员创业园	广东省深圳市深南大道10128号南山数字文化产业基地西座2楼
深圳市留学人员（龙岗）创业园	2001年	深圳市龙岗区人民政府	国家级科技企业孵化器（2015年）、深圳市级留学人员创业园（2013年）	广东省深圳市龙岗区清林西路留学生创业园一园213室
深圳市留学人员（宝安）创业园	2002年	深圳市宝安产业投资集团有限公司	国家级科技企业孵化器（2006年）、深圳市级留学人员创业园（2003年）	广东省深圳市宝安区铁岗水库路171号
深圳市留学人员（火炬）创业园	2001年	国家科技部火炬高技术产业开发中心、科技型中小企业技术创新基金管理中心等共建	深圳市级留学人员创业园	广东省深圳市南山区南海大道1077号火炬创业大厦

续表

名称	创建年份	创建单位	行业认定	地址
深圳市留学人员（福田）创业园	2003年	深圳市福田区人民政府	国家级科技企业孵化器（2007年）、深圳市级留学人员创业园	广东省深圳市福田区天安数码城天安科技创业园大厦A座401室
深圳市留学人员（罗湖）创业园	2007年	深圳市福田区人民政府	深圳市级留学人员创业园（2007年）	广东省深圳市罗湖区太宁路85号罗湖科技大厦201室
深圳市华丰（龙岗）留学生产业园	2009年	深圳市华丰世纪投资（集团）有限公司	深圳市留学人员创业园（2013年）	广东省深圳市龙岗区宝龙一路51、53号
深圳市坪山区留学生创新产业园	2011年	深圳市坪山区人民政府	深圳市级留学人员创业园（2012年）	广东省深圳市坪山新区金牛西路16号华瀚科技工业园内
深圳市留学人员（大鹏）创业园	2009年，2013年挂牌深圳市留学人员创业园	深圳市大鹏新区管委会	深圳市级留学人员创业园（2013年）	广东省深圳市龙岗区布新村工业大道2号
深圳市留学人员（中海信）创业园	2010年，2013年挂牌深圳市留学人员创业园	深圳市龙岗区科技创新局、深港产学研基地与中海信科技开发（深圳）有限公司共建	国家级科技企业孵化器（2013年）、深圳市级留学人员创业园（2013年）	广东省深圳市龙岗区布吉街道布澜大道中海信创新产业城19A栋4层
深圳市留学人员（盐田）创业园	2013年	深圳市盐田区科技创新局	深圳市级留学人员创业园	广东省深圳市盐田区沙头角街道深盐路2211号现代产业服务中心6楼
深圳市留学人员（龙华）创业园	2013年	银星投资集团有限公司	国家级科技企业孵化器（2016年）、深圳市级留学人员创业园（2013年）	广东省深圳市龙华区观澜街道新澜社区观光路1301号银星科技大厦

续表

名称	创建年份	创建单位	行业认定	地址
深圳市光明区留学人员创业园	2013年	深圳市光明区人民政府	深圳市级留学人员创业园（2013年）	广东省深圳市光明新区观光路3009号光明新区留学人员创业园2楼213
深圳市龙华区留学人员（锦绣）创业园	2014年	润杨集团（深圳）有限公司	深圳市龙华区留学人员创业园（2014年）	广东省深圳市龙华区观澜街道大富社区虎地排村85号
深圳市留学人员（天安数码城）创业园	2007年，2015年挂牌深圳市留学人员创业园	天安数码城（集团）有限公司	深圳市级留学人员创业园（2015年）	广东省深圳市龙岗区龙城街道黄阁路447号龙岗天安数码城
深圳市留学人员（华源）产业园	2012年，2015年挂牌深圳市留学人员创业园	深圳市华丰世纪投资（集团）有限公司	国家级科技企业孵化器（2016年）、深圳市级留学人员创业园（2015年）	广东省深圳市宝安区西乡宝源路168号
深圳市海科兴留学生产业园	2014年，2015年挂牌深圳市留学人员创业园	深圳市坪山区人民政府与深圳市龙岗区产业投资服务集团共建	深圳市级留学人员创业园（2015年）	广东省深圳市坪山区新区宝山路16号海科兴战略新兴产业园
深圳市留学人员（高新奇）创业园	2012年，2016年挂牌深圳市留学人员创业园	深圳市高新奇科技股份有限公司	国家级科技企业孵化器（2017年）、深圳市级留学人员创业园（2016年）	广东省深圳市宝安区新安街道办留仙一路高新奇产业园
深圳市留学人员（优创空间）创业园	2016年，2016年挂牌深圳市留学人员创业园	深圳市优创空间投资发展有限公司	深圳市级留学人员创业园（2016年）	广东省深圳市宝安区新安街道群辉路3号
深圳市留学人员（硅谷动力）创业园	2003年，2018年挂牌深圳市留学人员创业园	深圳市硅谷动力产业园运营有限公司	深圳市级留学人员创业园（2018年）	广东省深圳市龙华泗黎路硅谷动力射频科技园三万堂

续表

名称	创建年份	创建单位	行业认定	地址
深圳市留学人员（福海信息港）创业园	2016年，2018年挂牌深圳市留学人员创业园	深圳市洪韦盛实业有限公司、深圳市同创汇产业发展有限公司	国家级科技企业孵化器（2019年）、深圳市级留学人员创业园（2018年）	广东省深圳市宝安区福海街道桥头社区福海信息港
深圳市留学人员（中加）创业园	2017年，2019年挂牌深圳市留学人员创业园	深圳市加中创新中心有限公司	深圳市级留学人员创业园（2019年）	广东省深圳市南山区粤海街道南山区高新南七道与科技南八路交汇处豪威科技大厦4楼
深圳市留学人员（海归岛）创业园	2019年	深圳市宝安区人力资源局、科技创新局与深圳市宝安区产业投资引导基金有限公司共建	深圳市级留学人员创业园（2019年）	广东省深圳市宝安区永和路与荔园路交会处宝安人才园6楼
珠海留学人员创业园	2003年	珠海国家高新技术产业开发区管委会	国家级科技企业孵化器、人事部与珠海市人民政府共建单位（2003年）	广东省珠海高新区唐家湾镇港乐路1号5层507室
广东珠海旅欧留学人员创业园	2015年	广东省人力资源和社会保障厅与惠州市人民政府共建	国家级科技企业孵化器（2017年）	广东省珠海市横琴新区环岛东路1889号
广东惠州留学人员创业园	2003年	惠州仲恺高新技术产业开发区管委会	国家级科技企业孵化器（2010年）、广东省人力资源和社会保障厅与惠州市人民政府共建单位（2015年）	广东省惠州市仲恺高新区惠风东二路16号3栋9楼
东莞市留学人员创业园	2003年	东莞松山湖高新技术产业开发区管委会	国家级科技企业孵化器（2007年）、人力资源和社会保障部与广东省人民政府共建单位（2011年）	广东省东莞市松山湖管委会一站式服务办事中心4层

续表

名称	创建年份	创建单位	行业认定	地址
中山留学人员创业园	2004 年	中山火炬高技术产业开发区管委会	国家级科技企业孵化器（2005年）、人力资源和社会保障部与广东省人民政府共建单位（2013年）、中国留学人员创业园区孵化基地（第一批，2018年）、广东省人力资源和社会保障厅与中山市人民政府共建单位（2011年）	广东省中山市火炬开发区会展东路 16 号数码大厦 18 楼
南宁留学人员创业园	2000 年	南宁高新技术产业开发区管委会	国家级科技企业孵化器（2001 年）	广西壮族自治区南宁市西乡塘区科园东四路 5 号
柳州留学人员创业园	2007 年	柳州市人事局与柳州高新技术产业开发区管委会共建	国家级科技企业孵化器（2003 年）	广西壮族自治区柳州市高新一路 15 号柳州高新区科技工业苑大楼 11 层
桂林留学人员创业园	2000 年	桂林高新技术产业开发区管委会	国家级科技企业孵化器（2000年）、国家人事部与广西壮族自治区人民政府共建单位（2001年）	广西壮族自治区桂林市七星区高新区空明西路 13-1 号
北海留学人员创业园	2006 年	广西壮族自治区人事厅与北海市人民政府共建	国家级科技企业孵化器（2011 年）	广西壮族自治区北海市北海大道科技大厦 7 楼
海口国家高新区留学人员创业园	2001 年	海南省人事厅与海口高新技术产业开发区管委会共建	国家级科技企业孵化器（2019 年）	海南省海口市南海大道 266 号海口国家高新区创业孵化中心 A-201
重庆高新区育成加速器留学人员创业园	2003 年	重庆高新技术产业开发区管委会	国家级科技企业孵化器（2001年）、人事部与重庆市人民政府共建单位（2007年）、重庆市级留学人员创业园（2018年）	重庆市九龙坡区经纬大道重庆国际科技企业孵化园 B 栋 1 楼

续表

名称	创建年份	创建单位	行业认定	地址
重庆两江新区留学人员创业园	2015年	国家人力资源和社会保障部与重庆市人民政府共建	人力资源和社会保障部与重庆市人民政府共建单位（2015年）、重庆市级留学人员创业园（第一批，2017年）	重庆市渝北区金渝大道66号金山大厦209室
重庆市北碚区科技创新留学人员创业园	2017年	重庆市北碚新城（大学城）建设管理委员会	重庆市级留学人员创业园（第一批，2017年）	重庆市北碚区冯时行路286号A座
重庆渝北感知科技留学人员创业园	2015年，2017年挂牌重庆市留学人员创业园	深圳力合天使创业投资有限公司与重庆仙桃数据谷投资管理有限公司共建	国家级科技企业孵化器（2017年）、重庆市级留学人员创业园（第一批，2017年）	重庆市渝北区龙塔街道黄龙路28号朗俊中心3幢2-1
重庆永川慧立方留学人员创业园	2015年，2017年挂牌重庆市留学人员创业园	重庆市永川区新城建设管委会	重庆市级留学人员创业园（第一批，2017年）	重庆市永川区和顺大道799号永川大数据产业园
重庆大渡口天安留学人员创业园	2013年，2018年挂牌重庆市留学人员创业园	天安数码城（集团）有限公司	重庆市级留学人员创业园（2018年）	重庆市大渡口区春晖路街道翠柏路101号
重庆江北高层次留学人员创业园	2015年，2018年挂牌重庆市留学人员创业园	重庆市江北区人民政府	重庆市级留学人员创业园（2018年）	重庆市江北区港城东路8号华雄两江时代5号楼
重庆大学城科技创新留学人员创业园	2018年	重庆市沙坪坝区创新生产力促进中心	重庆市级留学人员创业园（2018年）	重庆市沙坪坝区西园北街4号楼创新生产力促进中心
成都留学人员创业园	1998年	成都高新技术产业开发区管委会	国家级科技企业孵化器、国家留学人员创业园示范建设试点单位（第一批，2000年）、人事部与成都市人民政府共建单位（2000年）、中国留学人员创业园区孵化基地（第一批，2018年）	四川省成都高新区天府五街200号1C栋3楼
绵阳留学人员创业园	2002年	四川省人事厅、科技厅、教育厅与绵阳市人民政府共建	国家级科技企业孵化器（2000年）	四川省绵阳市高新区绵兴东路133号

续表

名称	创建年份	创建单位	行业认定	地址
贵阳留学人员创业园	2010年	贵阳高新技术产业开发区管委会	国家科技企业孵化器（1998年）、人力资源和社会保障部与贵州省人民政府共建单位（2015年）、中国留学人员创业园区孵化基地（2019年）	贵州省贵阳市观山湖区阳关大道100号
云南留学人员创业园	2001年	昆明高新技术产业开发区管委会	国家级科技企业孵化器（1998年）	云南省昆明市五华区二环西路220号云南软件园产业楼501室
云南海归创业园	2006年	昆明经济技术开发区管理委员会	国家级科技企业孵化器（2011年）	云南省昆明市经济技术开发区信息产业基地春漫大道80号
西安留学人员创业园	1998年	西安高新技术产业开发区管委会	国家级科技企业孵化器（1997年）、国家留学人员创业园示范建设试点单位（第一批，2000年）、国家人事部与西安市人民政府共建单位（2002年）、中国留学人员创业园区孵化基地（第一批，2018年）	陕西省西安市高新区锦业路69号瞪羚谷G座
西安经济技术开发区留学人员创业园	2008年	西安市人事局与西安经济技术开发区管委会共建	西安市级留学人员创业园	陕西省西安市凤城十二路1号凯瑞大厦A座208室
杨凌示范区留学人员创业园	2000年	杨凌示范区管委会	国家级科技企业孵化器（2002年）	陕西省杨凌示范区神农路16号创业大厦
兰州留学人员创业园	2001年	甘肃省人事厅、兰州市人事局与兰州高新技术产业开发区管理委员会共建	人力资源和社会保障部与甘肃省人民政府共建单位（2010年）、中国留学人员创业园区孵化基地（2019年）、甘肃省级留学人员创业园（2001年）	甘肃省兰州市城关区雁东路102号

续表

名称	创建年份	创建单位	行业认定	地址
宁夏留学人员创业园	2003年	宁夏回族自治区人事厅、银川市人民政府、银川经济技术开发区管委会共建	宁夏回族自治区级留学人员创业园	宁夏回族自治区银川市黄河东路创新园48号银川经济技术开发区管委会组织人事劳动局
新疆留学人员创业园	2015年	乌鲁木齐经济技术开发区管委会	新疆维吾尔自治区级留学人员创业园	新疆维吾尔自治区乌鲁木齐经济技术开发区（头屯河区）喀纳斯湖北路455号新软创智大厦B座
乌鲁木齐留学人员创业园	2002年	乌鲁木齐高新技术产业开发区管委会	国家级科技企业孵化器（2004年）、人力资源和社会保障部与新疆维吾尔自治区人民政府共建单位（2010年）、中国留学人员创业园区孵化基地（2019年）	新疆维吾尔自治区乌鲁木齐市天津南路682号创业大厦

后　　记

从中国改革开放后的"出国潮"起至 2019 年,几十年间,先后有 600 余万人奔赴世界各地。除了已经陆续归来的 400 余万人,散落在世界各地的海外学子们以中国崛起为契机,正重新集结,史上最大一波"海归"潮正迎面扑来。

"大进大出"的国际人才环流,已经成为中国全球化的新潮流、新时尚。中国留学人员在科教文卫、创新创业、新经济、互联网、大数据、人工智能、人才培养和高新技术产业发展等方面发挥了积极作用,正成为创新型国家建设的一支重要生力军。

在全球化和知识经济的世界潮流中,在共筑中国国民梦想、实现民族复兴的关键时期,梳理、总结中国留学的历史,考察、分析"海归"群体的现状,探索、研究中国"海归"的未来,对于中国继续深化改革开放和走向全球化具有重要价值和意义。

本书的研究出版得到了北京东宇全球化智库基金会的大力支持。

全球化智库(CCG)的同事们为本书付出了大量辛勤的劳动,这里,我们要感谢于蔚蔚、郑金连、侯少丽、陈肖肖、李仲邀等同事为本书所做的研究与编辑工作。

  借此机会，我们还要感谢中国社会科学出版社总编辑魏长宝、营销中心主任兼教育分社社长王斌、编辑黄山老师对本书的顺利出版所提供的积极支持。

  由于时间关系和自身局限，本书还存在很多不足之处，我们欢迎广大读者、专家学者和"海归"同人们予以指正，以便我们在未来的研究中改进。衷心希望本书能为公众、专家、学者和政府对系统了解中国留学发展状况起到一定的帮助作用，希望通过对留学人员群体的持续研究，能促进有关方面对此领域的关注并推动中国留学事业健康发展，推动留学人员群体学有所成、学有所用。

王辉耀 苗绿
2022 年 5 月